憲法判例研究

〔17〕

社團法人 韓國憲法判例研究學會 編

집 현 재

STUDIES ON CONSTITUTIONAL CASES

〔17〕

Edited by
Korean Association of Constitutional
Case Studies

JypHyunJae Publishing Co.
Seoul, Korea

머 리 말

정확한 기록이 남아 있지 않아 대충 기산할 수밖에 없기는 하지만, 2016년 12월에 진행된 세미나가 113회였으니 한국헌법판례연구학회가 족히 30년은 지속되어 온 것으로 짐작된다. 이번이 제17권인 바, 1999년 7월에 제1호를 발간한 이래 매년 1회 발행해온 '헌법판례연구'도 성년을 코앞에 두고 있다고 할 수 있는데... 나름 역사의 과정인 동시에 그 자체가 역사라고도 할 수 있는 연구논집의 발행을 중단하기로 하였다.

이런저런 사정이야 어떻든 간에, 뭔가 계속 해 오던 것을 접자니 적잖은 허전함이 없지 않다. 학회라면 논집이 있어야 한다는 명분을 떠나서, 이른바 '변불변'의 역사적 관점에서 생각건대 그만두는 것보다는 계속 이어가야 할 이유가 더 많다고 여겨지기 때문에 더욱 그러하다.

다만, 그냥 중단하는 것이 아니라 지속가능한 대안을 찾기 위해 전향적인 변화를 모색하는 것이라는 믿음과 기대로 아쉬움을 달랜다.

아무튼 그동안 '헌법판례연구'의 발간에 도움을 주셨던 많은 분들에게 심심한 감사의 뜻을 표한다. 특히 옥고를 흔쾌히 내주신 필자들, 그리고 마지막까지 이번 제17권의 발행을 위하여 애쓴 조재현 출판이사(동아대학교 법학전문대학원 교수)와 김현귀 출판간사(헌법재판연구원), 정필운 총무이사(한국 교원대학교 교수)를 비롯한 여러분들에게도 재삼 각별한 고마움을 표한다. 집현재 위호준 대표에게도 번창기원으로 고마움의 뜻을 가름한다.

분란하기 그지없는 헌법유린의 난세가 하루 빨리 평정되기를 기원한다!

2016년 12월

한국헌법판례연구학회장 **이덕연**

目 次

Table of Contents

2015년 중요헌법판례

정필운*, 조재현**

[국문초록]

우리 헌법재판소는 2015년 한 해 동안 1,859건을 새로 접수하고, 전년도 미제사건을 포함하여 총 2,683건 중 1,937건(1,911건 결정 선고, 26건 취하)을 처리하였고, 746건의 미제사건을 남겼다. 헌법재판소는 그 중 47건을 위헌으로, 15건을 헌법불합치로 결정하여 총 62건의 사건에서 위헌을 선언되었다. 한편, 47건의 권리구제형 헌법소원(헌재법 제68조 제1항)과 1건의 권한쟁의심판에 대하여 인용결정을 하였다.

이 글에서는 2015년 헌법재판소 결정 중 국민의 생활에 큰 영향력이 있거나, 헌법적으로 중요한 쟁점을 다루고 있는 10개의 결정을 선정하여 소개하고 평가하였다. 특히 간통죄 위헌 결정, 주민등록번호 변경을 금지한 주민등록법에 대한 헌법불합치 결정, 정당이 후원회를 통하여 정치자금을 모금할 수 없도록 하는 정치자금법 위헌 결정, 형사재판의 피고인으로 출석하는 수형자에 대하여 사복 착용을 불허하는 형의 집행 및 수용자의 처우에 관한 법률 위헌 결정, 6월이 되지 못한 월급근로자에게 해고예고제도 적용을 배

* 한국교원대학교 일반사회교육과 교수, 법학박사
** 동아대학교 법학전문대학원 교수, 법학박사

제한 근로기준법 위헌 결정 등은 국민의 기본권을 신장한 의미있는 결정으로 평가하였다. 한편, 선거운동기간 중 인터넷 실명제를 규정한 공직선거법에 대한 합헌 결정, 민사재판에 당사자로 출석하는 수형자에 대하여 사복착용을 불허하는 것에 대한 합헌 결정, 국가인권위원회의 진정 각하·기각결정 취소를 구하는 헌법소원에 대한 각하 결정 등은 국민의 기본권 보호의 관점에서 아쉬움이 남는 결정이다.

[핵심어]
헌법재판, 헌법재판소, 위헌법률심판, 헌법소원심판

Ⅰ. 통계로 본 헌법재판소의 2015년 활동

우선 지난 2015년 우리 헌법재판소(이하 '헌재'로 줄이기도 함)의 활동을 헌재가 집계한 자체 통계로 살펴보면 다음과 같다.

〈2015년 헌법재판소 심판사건 통계〉[1]

구분		접수	계	위헌	헌법불합치	한정위헌	한정합헌	인용	합헌	기각	각하	기타	취하	미제
위헌법률		37	44	21	1				20		2			43
탄핵														
정당해산		1												1
권한쟁의		8	2					1			1			9
헌법소원	§68①	1,325	1,375	6	10			47		203	1,090 (1,045)	1	18	390
	§68②	488	516	20	4				156		328 (299)		8	303
	계	1,813	1,891	26	14			47	156	203	1,418 (1,344)	1	26	693
합 계		1,859	1,937	47	15			48	176	203	1,421 (1,344)	1	26	746

※ 표주석: 헌법소원심판사건 중 지정재판부 처리건수는 ( )안에 기재하고 본란의 숫자는 합산표시하였다.

1) 아래 표는 헌법재판소 홈페이지 내 사건통계(http://www.ccourt.go.kr/cckhome/kor/info/selectEventGeneralStats.do)에서 2015년에 해당하는 부분을 발췌한 것이다.

2015년에 헌재는 전년도 미제(未濟)사건 824건 외에 1,859건을 새로 접수하여 총 2,683건 중 1,937건(1,911건 결정 선고, 26건 취하)을 처리하여 결과적으로 746건의 미제사건을 남겼다.

새로 접수된 사건을 사건유형별로 살펴보면 예년처럼 헌법소원사건이 1,813건으로 압도적으로 많았고, 그 중 권리구제형 헌법소원(헌재법 제68조 제1항)은 1,325건, 규범통제형 헌법소원(헌재법 제68조 제2항)은 488건이었다. 위헌법률심판사건은 37건, 정당해산 1건, 권한쟁의심판은 8건이 새로 접수되었다. 위헌법률심판과 헌법소원은 예년과 비슷한 수준이었고, 2009년 이후 줄어들던 권한쟁의가 큰 폭으로 증가하였다. 통합진보당 해산 결정에 대한 재심이 접수되었으며, 탄핵심판사건은 없었다.

사건처리내용을 보면, 위헌결정이 47건, 헌법불합치결정이 15건으로 총 62건의 사건에서 위헌성이 선언되었다. 한편, 권리구제형 헌법소원(헌재법 제68조 제1항)에 대한 인용건수는 47건, 권한쟁의심판에 대한 인용건수는 1건이었다. 이것을 다시 사건유형별로 살펴보면 위헌법률심판에 의한 것이 22건(위헌결정 21건, 헌법불합치결정 1건), 권한쟁의심판에 의한 것이 1건, 권리구제형 헌법소원에 의한 것이 63건(위헌결정 6건, 헌법불합치결정 10건, 인용 47건), 규범통제형 헌법소원에 의한 것이 24건(위헌결정 20건, 헌법불합치결정 4건)이다. 다른 해에 비하여 위헌성 판단이 유난히 많은 한 해였다.

Ⅱ. 헌법재판소의 중요결정내용

2015년에 헌법재판소가 행한 결정 중 국민의 생활에 큰 영향력이 있거나, 다루고 있는 쟁점이 헌법적으로 중요한 의미가 있는 10개의 결정을 선정하여 정리하면 다음과 같다.

1. 국가보위에 관한 특별조치법 제9조 등 위헌 결정[2)]

(1) 사건의 내용 및 쟁점

제청신청인은 1980. 5. 17.부터 1980. 9.말경까지 주식회사 ○○의 노조지부장이었다. 제청신청인은, 1971. 12. 6. 선포된 국가비상사태하에서 근로자의 단체교섭권 또는 단체행동권의 행사는 미리 주무관청에 조정을 신청하고 그 조정결정에 따라야 하는데 1980. 5.경부터 1981. 5.경까지 조정신청 없이 단체교섭권 및 단체행동권을 행사하였다는 이유로 구 '국가보위에 관한 특별조치법' 위반 등의 혐의로 기소되어, 서울고등법원에서 1982. 4. 14. 징역 1년 6월을 선고받고('재심대상판결'), 대법원에서 1982. 7. 27. 재심대상판결이 그대로 확정되었다. 이후 제청신청인이 2012. 10. 26. 서울고등법원에 재심대상판결에 대하여 재심청구를 하고(2012재노60), 그 소송 계속 중 구 '국가보위에 관한 특별조치법'(이하 '특별조치법') 제9조 및 제11조 제2항에 대하여 위헌심판제청을 신청하자(2013초기290), 제청법원은 위 신청을 받아들여 2014. 3. 13. 이 사건 위헌심판을 제청하였다. 심판대상조항이 초헌법적 국가긴급권으로서 국가긴급권의 실체적 발동요건, 사후통제 절차, 시간적 한계에 위반되는지, 근로3권의 본질적인 내용을 침해하는지가 핵심 쟁점이다.

(2) 결정요지

1) 국가비상사태의 선포를 규정한 특별조치법 제2조는 헌법에 한정적으로 열거된 국가긴급권의 실체적 발동요건 중 어느 하나에도 해당되지 않은 것으로서 '초헌법적 국가긴급권'의 창설에 해당되나, 그 제정 당시 국내외 상황이 이를 정당화할 수 있을 정도의 '극단적 위기상황'이라 볼 수 없다. 또한 국가비상사태의 해제를 규정한 특별조치법 제3조는 대통령의 판단에

---

2) 헌재 2015. 3. 26. 2014헌가5.

의하여 국가비상사태가 소멸되었다고 인정될 경우에만 비상사태선포가 해제될 수 있음을 정하고 있을 뿐 국회에 의한 민주적 사후통제절차를 규정하고 있지 아니하며, 이에 따라 임시적·잠정적 성격을 지녀야 할 국가비상사태의 선포가 장기간 유지되었다. 그렇다면 국가비상사태의 선포 및 해제를 규정한 특별조치법 제2조 및 제3조는 헌법이 인정하지 아니하는 초헌법적 국가긴급권을 대통령에게 부여하는 법률로서 헌법이 요구하는 국가긴급권의 실체적 발동요건, 사후통제 절차, 시간적 한계에 위반되어 위헌이고, 이를 전제로 한 특별조치법상 그 밖의 규정들도 모두 위헌이다.

2) 헌법 제33조는 제1항에서 근로3권을 규정하되, 제2항 및 제3항에서 '공무원인 근로자' 및 '법률이 정하는 주요방위산업체 근로자'에 한하여 근로3권의 예외를 규정한다. 그러므로 헌법 제37조 제2항 전단에 의하여 근로자의 근로3권에 대해 일부 제한이 가능하다 하더라도, '공무원 또는 주요방위사업체 근로자'가 아닌 근로자의 근로3권을 전면적으로 부정하는 것은 헌법 제37조 제2항 후단 본질적 내용 침해금지에 위반된다. 그런데 심판대상조항은 단체교섭권·단체행동권이 제한되는 근로자의 범위를 구체적으로 제한함이 없이, 단체교섭권·단체행동권의 행사요건 및 한계 등에 관한 기본적 사항조차 법률에서 정하지 아니한 채, 그 허용 여부를 주무관청의 조정 결정에 포괄적으로 위임하고 이에 위반할 경우 형사처벌하도록 하고 있으므로, 근로자의 단체교섭권·단체행동권을 사실상 전면적으로 부정하는 것으로서 헌법에 규정된 근로3권의 본질적 내용을 침해하는 것이다.

(3) 평석

헌재는 특별조치법 제2조에서 "국가안전보장에 대한 중대한 위협에 효율적으로 대처하고 사회의 안녕질서를 유지하여 국가를 보위하기 위하여 신속한 사태 대비조치를 취할 필요가 있을 경우 대통령은 국가안전보장회의의 자문과 국무회의의 심의를 거쳐 국가비상사태를 선포할 수 있다."라고 하여 국가비상사태 선포권을 정하고 있는 것은 초헌법적 국가긴급권의 창설에 해당하는 것으로 국가긴급권의 실체적 발동요건, 사후통제 절차, 시간적 한계에 위반한다고 판단하였다. 그리고 특별조치법 제9조, 제11조는 헌법 제33조 제1항 및 제37조 제2항 후단에 위반된다고 판단하였다.

헌재는 이미 지난 2013년 구 헌법 제53조 등 위헌소원사건에서 구체적 규범통제의 심사기준은 현행 헌법이라고 판시하였다.[3] 헌재의 헌법 해석은 헌법이 내포하고 있는 특정한 가치를 탐색·확인하고 이를 규범적으로 관철하는 작업이므로, 헌재가 행하는 구체적 규범통제의 심사기준은 원칙적으로 헌법재판을 할 당시에 규범적 효력을 가지는 헌법이라는 것이다. 헌재는 이러한 논리에 따라 이 사건에서도 특별조치법상의 국가비상사태 선포권을 현행 헌법을 준거규범으로 하여 판단하고 있다.

헌재는 이 결정에서 특별조치법에서 정하는 비상사태 선포권의 위헌성을 판단함에 있어서 우선 비상사태 선포권이 헌법에서 예정하고 있는 국가긴급권에 해당하는지 아니면 초헌법적 국가긴급권의 창설에 해당하는지를 판단하고, 초헌법적 국가긴급권의 창설에 해당한다면 이를 예외적으로 정당화할 수 있는 극단적 위기상황이 존재하는지의 여부를 판단하는 단계적 판단하고 있다.

국가긴급권은 정상적인 헌법보호수단으로는 극복될 수 없는 비정상적 국가비상사태에 대통령에게 부여되는 예외적인 비상수단이다. 이것은 법치주의의 회복을 위한 필수적 수단이지만, 이것이 남용될 경우 헌법과 법치주의에 대한 위협적 요소도 가지고 있다.[4] 이 결정은 이러한 남용을 헌재가 적극적으로 통제하겠다는 것을 분명히 하고, 그 판단 기준과 판단 요소를 구체화하였다는 점에서 높이 평가할 수 있다. 그러나 초헌법적 국가긴급권이라는 것을 법률로 창설할 수 있는 것인지, 좀 더 근본적으로 초헌법적 국가긴급권이라는 개념을 인정할 수 있는 것인지는 의문이다.[5] 이 사건을 위헌이라고 결정하는데 방해가 되는 기준이 아니더라도 이와 같은 판시가 앞으로

3) 헌재 2013. 3. 21. 2010헌바132 등.
4) 허영, 「한국헌법론」, 박영사, 2016, 1007쪽.
5) 이승우, 「헌법학」, 두남, 2009, 112쪽.

다른 사건을 해결하는데 헌재의 발목을 잡거나 그릇된 결론을 내는데 쓰이지는 않을지 염려된다. 한편, 과거 헌법 아래서 제정된 법령의 심사 기준이 현행 헌법이라는 논리에 대해서도 헌법이론적 검토와 새로운 대안 마련이 필요하다고 생각한다. 이른바 불법국가청산과 비슷한 문제를 해결하기 위한 헌재의 고육책이라는 측면에서 충분히 이해할 수 있지만, 헌법이론적 관점에서 수긍하기는 어렵다. 이러한 문제는 헌재 스스로 해결하기는 벅찬 과제라고 생각된다. 헌법학계가 헌재와 함께 좀 더 세련되고 설득력있는 이론을 개발하여야 한다.

2. 홍성군과 태안군 등 간의 권한쟁의[6]

(1) 사건의 내용 및 쟁점

청구인(홍성군)과 피청구인(태안군) 사이에 위치하고 있는 천수만은 동쪽으로 홍성군, 보령시와 접해 있고, 북쪽은 서산시(서산방조제), 서쪽은 안면도와 맞닿아 있으면서 이들로 둘러싸여 형성된 남북으로 긴 만이다. 천수만 내에는 죽도와 그 인근의 여러 섬이 있는데, 이들 섬은 원래 '서산군 안면읍 죽도리'로 편제되어 있다가 1989. 1. 1. '시·군·자치구의 관할구역 변경에 관한 규정' 제7조 제5항, 제6항에 의하여 '홍성군 서부면 죽도리'로 변경되었다. 태안군수는 천수만 내 공유수면 중 일부 해역에 대하여 2010. 1. 22. 안면도수산업협동조합 등에게 어업면허처분을 하였다. 홍성군수는 국토지리정보원에서 1991년 발행한 국가기본도상의 해상경계선에 의하면, [별지 2] 도면 표시 B, C, D, E, F의 각 점을 연결한 선의 우측(동쪽) 부분 해역은 청구인의 관할해역이고, 이 사건 어업면허처분들의 대상 해역 중 일부가 자신의 관할해역에 속한다고 주장하며 태안군수에게 이 사건 어업면허처분들의 취소 등을 요구하였으나, 태안군수는 이에 응하지 아니하였다. 이에 청구인은 2010. 5. 14. 태안군과 태안군수를 피청구인으로 하여 위 해상경계

6) 2015. 7. 30. 2010헌라2.

선에 따른 동쪽 해역이 자신의 관할에 속하고, 이 사건 어업면허처분들이 청구인의 자치권한을 침해하는 것임을 확인해 달라는 취지의 청구를 하였다가, 2011. 4. 11. 태안군수에 대한 청구를 취하한 후, 2011. 4. 12. ① 위 해역에 대한 관할권한이 청구인에게 있으며, ② 이 사건 어업면허처분 중 위 해역에 속하는 부분은 무효임을 확인해 달라는 취지로 청구취지를 변경하였고, 2014. 12. 8. 만약 국가기본도상 해상경계선에 관습법적 효력이 인정되지 않는다면 등거리 중간선의 원칙에 의하여 확인되는 해상경계선의 우측(동쪽) 부분 해역(이하 국가기본도상의 해상경계선에 따른 것이든, 등거리 중간선 원칙에 의한 해상경계선에 따른 것이든, 청구인이 자신의 관할이라고 주장하는 해역을'이 사건 쟁송해역'이라 한다)이 자신의 관할해역이라는 주장을 추가하였다. 이 사건 쟁송해역에 대한 태안군수의 어업면허처분이 청구인의 자치권한을 침해할 가능성이 있는지, 공유수면에 대한 지방자치단체의 관할구역 경계 및 그 기준이 무엇인지, 특히 국가기본도상의 해상경계선을 공유수면에 대한 불문법상 해상경계선으로 볼 수 있는지 등이 핵심 쟁점이다.

(2) 결정요지

1) 재판관 6인의 다수의견

① 수산업법에서 어업면허가 시장·군수·구청장의 권한임을 명시하고 있는 점, 시장·군수·구청장이 면허한 어업을 제한·정지하거나 어업면허를 취소할 수 있는 점 등을 종합하면 어업면허사무는 지방자치단체의 사무에 해당하고, 만약 이 사건 쟁송해역에 대한 헌법 및 법률상의 자치권한이 청구인에게 있음이 인정된다면 태안군수의 어업면허처분은 청구인의 자치권한을 침해하게 될 가능성이 있다.

② 지방자치법 제4조 제1항에 규정된 지방자치단체의 구역은 주민·자치권과 함께 자치단체의 구성요소이고, 자치권이 미치는 관할구역의 범위에는 육지는 물론 바다도 포함되므로, 공유수면에 대해서도 지방자치단체의 자치권한이 미친다.

③ 지방자치법 제4조 제1항은 지방자치단체의 관할구역 경계를 결정함에 있어서 '종전'에 의하도록 하고 있고, 지방자치법의 개정연혁에 비추어 보면 위 '종전'이라는 기준은 최초로 제정된 법률조항까지 순차 거슬러 올라가게 되므로 1948. 8. 15. 당시 존재하던 관할구역의 경계가 원천적인 기준이 된다. 그런데 지금까지 우리 법체계에서는 공유수면의 행정구역 경계에 관한 명시적인 법령상의 규정이 존재한 바 없으므로, 공유수면에 대한 행정구역 경계가 불문법상으로 존재한다면 그에 따라야 한다. 그리고 만약 해상경계에 관한 불문법도 존재하지 않으면, 주민, 구역과 자치권을 구성요소로 하는 지방자치단체의 본질에 비추어 지방자치단체의 관할구역에 경계가 없는 부분이 있다는 것을 상정할 수 없으므로, 헌재가 지리상의 자연적 조건, 관련 법령의 현황, 연혁적인 상황, 행정권한 행사 내용, 사무 처리의 실상, 주민의 사회·경제적 편익 등을 종합하여 형평의 원칙에 따라 합리적이고 공평하게 해상경계선을 획정할 수밖에 없다.

④ 국가기본도상의 해상경계선은 국토지리정보원이 국가기본도상 도서 등의 소속을 명시할 필요가 있는 경우 해당 행정구역과 관련하여 표시한 선으로서, 여러 도서 사이의 적당한 위치에 각 소속이 인지될 수 있도록 실지측량 없이 표시한 것에 불과하므로, 이 해상경계선을 공유수면에 대한 불문법상 행정구역에 경계로 인정해 온 종전의 결정은 이 결정의 견해와 저촉되는 범위 내에서 이를 변경하기로 한다.

⑤ 양 지방자치단체의 이익을 동등하게 다루고자 하는 규범적 관념에 기초한 등거리 중간선 원칙, 안면도와 황도, 죽도와 같이 이 사건 공유수면에 위치한 도서들의 존재, 서산군에 편제되어 있던 죽도리가 홍성군 소속으로 변경되는 것을 내용으로 하는 관련 행정구역의 관할 변경, 행정권한의 행사 연혁이나 사무 처리의 실상, 죽도와 이 사건 쟁송해역이 지리적으로나 생활적으로 긴밀히 연계되어 있는 상황 등을 고려하여 형평의 원칙에 따라서 해상경계선을 획정하면,

이 사건 쟁송해역의 해상경계선은 청구인과 피청구인의 육상지역과 죽도, 안면도, 황도의 각 현행법상 해안선(약최고고조면 기준)만을 고려하여 등거리 중간선 원칙에 따라 획정한 선으로 함이 타당하다.

⑥ 태안군수가 행한 태안마을 제136호, 제137호의 어업면허처분 중 청구인의 관할권한에 속하는 구역에 대해서 이루어진 부분은 청구인의 지방자치권을 침해하여 권한이 없는 자에 의하여 이루어진 것이므로 그 효력이 없다.

2) 재판관 강일원, 재판관 조용호의 반대의견

지방자치단체의 경계를 획정하기 위해서는 주민들의 생활권역에 대한 종합적 고려가 있어야 한다. 따라서 해상경계를 확정할 때에는 분쟁 대상 해역의 해저 지형이나 해류 등의 자연조건이 주민들의 생활에 어떤 영향을 미치는지 확인할 필요가 있다. 그러나 법정의견은 등거리 중간선 원칙이라는 획일적인 척도로 공유수면의 해상경계선을 획정하고 있다는 문제가 있다.

이 사건에서 청구인이 피청구인과 그 지역 주민들이 관리하고 있는 해역을 자신의 관할구역으로 주장하기 위해서는, 위와 같은 전반적 상황에 기초하여 이 사건 쟁송해역이 청구인 주민들의 생활권역과 밀접한 관련이 있다는 점을 구체적으로 증명하여야 하는데, 제출한 증거를 모두 살펴보아도 이 사건 쟁송해역이 청구인의 관할에 속한다는 점을 인정하기에는 부족하다. 따라서 이 사건 심판청구는 기각되어야 한다.

3) 재판관 이진성의 반대의견

공유수면을 지방자치단체의 관할구역으로 인정하려면 법률로 정해야 하는데, 정부 수립 이후 그 동안 법령으로 바다에 대한 지방자치단체의 구역을 확정한 적도 없으며 이에 관한 행정관습도 없다. 또한 국가가 바다에 관하여 지방자치단체의 일반적인 관할구역을 정하여야 하는 것은 아니다. 법정의견은 분쟁 해결의 필요성에만 의존하여 정부수립 당시 지방자치법의 기준에 따라 존재하던 종전의 구역 경계를 확인하지 아니한 채 확인이라는 명목으로 법령상의 근거도 없이 등거리 중간선을 그어 새롭게 지방자치단체의 일반적 관할구역을 창설하고 있다. 그러나 헌재는 근거법령이 없는데도 지방자치단체의 자치권한을 새로 창설하는 방법으로 입법기능이나 행정기능을 수행할 수는 없다. 따라서 이 사건 심판청구는 기각되어야 한다.

(3) 평석

헌재는 이 사건에서 국가기본도상의 해상경계선을 불문법상의 해상경계선으로 인정해 온 기존 결정[7]을 변경하면서, 해상경계에 관한 불문법도 존재하지 않는 경우 헌재가 지리상의 자연적 조건 등을 종합하여 형평의 원칙에 따라 합리적이고 공평하게 해상경계선을 획정해야 한다고 결정하였다. 공유수면에 대한 법령상의 규정이 우선되어야 한다는 것과, 법령상의 규정이나 행정관습법이 존재하지 않는 경우에 헌재가 공유수면에 대한 관할을 결정해야 한다는 견해는 그대로 유지하였다. 공유수면에 대한 지방자치단체의 관할구역 경계는 명시적인 법령상의 규정이 있으면 그에 의하고, 법령상의 규정이 없고, 공유수면에 대한 행정구역 경계가 불문법상으로 존재한다면 그에 따라야 하며, 만약 해상경계에 관한 불문법도 존재하지 않으면, 주민, 구역과 자치권을 구성요소로 하는 지방자치단체의 본질에 비추어 지방자치단체의 관할구역에 경계가 없는 부분이 있다는 것은 상정할 수 없으므로, 권한쟁의심판권을 가지고 있는 헌재가 지리상의 자연적 조건, 관련 법령의 현황, 연혁적인 상황, 행정권한 행사 내용, 사무 처리의 실상, 주민의 사회·경제적 편익 등을 종합하여 형평의 원칙에 따라 합리적이고 공평하게 해상경계선을 획정할 수밖에 없다는 것이다.

헌재가 이번 결정에서 밝힌 것처럼 국가기본도상의 해상경계선은 국토지리정보원이 국가기본도상 도서 등의 소속을 명시할 필요가 있는 경우 해당 행정구역과 관련하여 표시한 선으로서, 여러 도서 사이의 적당한 위치에 각 소속이 인지될 수 있도록 표시해 놓은 것에 불과하다. 그리고 해상경계선을 이와 같이 그려야 하는 필연적인 논리적 근거가 없는 것이다. 국가기

---

7) 헌재 2004. 9. 23. 2000헌라2 등.

본도를 제작하는 국토지리정보원 스스로 해상경계선은 행정구역과 관련하여 섬의 소속을 인지하기 위한 것으로서, 실지측량 없이 적당한 곳에 표시한 것에 불과하다는 견해를 밝히고 있다. 이러한 점을 고려하면 헌재가 국가기본도상의 해상경계선에 불문법상의 해상경계선의 효력을 인정한 종래 결정을 변경하여 규범적 효력을 부인한 것은 타당하다.

그러나 공유수면의 관할 결정과 관련하여 좀 더 근본적인 검토가 필요하다. 국가는 이와 관련하여 2009년 「지방자치법」을 개정하여 지방자치단체의 관할구역 경계결정은 지방자치단체 중앙분쟁조정위원회의 심의·의결에 따라 행정자치부장관이 결정하도록 하고 있다(제4조 제6항). 제8항에서는 행정자치부장관의 결정에 이의가 있는 경우에는 대법원이 결정하도록 하고 있다. 그러나 지방자치법 개정 이후에도 헌재는 공유수면의 관할에 관한 다툼이 있는 경우 헌재가 관할을 결정할 권한을 보유한다고 하고 이를 결정하고 있다. 이와 관련하여 지방자치법이 행정자치부장관과 대법원에게 공유수면 관할획정 권한을 부여하는 것은 헌법 제111조에 규정된 헌재의 권한규범에 위배되는 위헌적인 규정이라고 주장[8]하며 결과적으로 헌재를 옹호하는 견해도 있다. 그러나 공유수면의 관할 결정과 같은 사항은 원칙적으로 행정법적 법률관계이다. 원칙적으로 헌법을 해석하여 분쟁을 해결하는 기능을 담당하는 헌재가 담당하는 것이 적당하지 않은 사항이다. 이렇게 본다면 헌재가 공유수면의 관할을 결정하는 것이 해석론상 가능하도록 하는 관련법을 개정하여 헌재가 본래 기능에 집중할 수 있도록 하는 것이 오히려 타당하다. 이러한 문제를 그대로 방치하여 헌재나 대법원이 심리적 갈등을 겪도록 하는 것은 입법자의 잘못이다. 입법적 해결이 필요한 사항이다.

8) 남복현, "공유수면 매립지의 경계획정을 둘러싼 법적 분쟁", 「헌법학연구」 제16권 제3호, 2010, 757쪽.

3. 형법 제241조 간통죄 위헌 결정[9)]

(1) 사건의 내용 및 쟁점

청구인들은 간통 또는 상간하였다는 범죄사실로 기소되어 당해사건 계속 중 형법 제241조가 위헌이라며 위헌법률심판제청 신청을 하였으나 그 신청이 기각되자 헌법소원심판을 청구하였다. 한편, 일부 청구인은 법원이 직권으로 위헌법률심판을 제청하였고, 일부 청구인은 간통죄로 기소되어 1심에서 유죄판결을 선고받고 항소한 뒤 형법 제241조 제1항에 대한 위헌법률심판제청 신청을 하였고, 제청법원이 그 제청신청을 받아들여 위헌법률심판을 제청하였다. 심판대상조항이 국민의 성적 자기결정권 등을 침해하는지가 핵심 쟁점이다.

(2) 결정요지

1) 재판관 5인의 위헌의견

사회 구조 및 결혼과 성에 관한 국민의 의식이 변화되고, 성적 자기결정권을 보다 중요시하는 인식이 확산됨에 따라 간통행위를 국가가 형벌로 다스리는 것이 적정한지에 대해서는 이제 더 이상 국민의 인식이 일치한다고 보기 어렵고, 비록 비도덕적인 행위라 할지라도 본질적으로 개인의 사생활에 속하고 사회에 끼치는 해악이 그다지 크지 않거나 구체적 법익에 대한 명백한 침해가 없는 경우에는 국가권력이 개입해서는 안 된다는 것이 현대 형법의 추세여서 전세계적으로 간통죄는 폐지되고 있다. 또한 간통죄의 보호법익인 혼인과 가정의 유지는 당사자의 자유로운 의지와 애정에 맡겨야지, 형벌을 통하여 타율적으로 강제될 수 없는 것이며, 현재 간통으로 처벌되는 비율이 매우 낮고, 간통행위에 대한 사회적 비난 역시 상당한 수준으로 낮아져 간통죄는 행위규제규범으로서 기능을 잃어가고, 형사정책상 일반예방

9) 헌재 2015. 2. 26. 2009헌바17 등.

및 특별예방의 효과를 거두기도 어렵게 되었다. 부부 간 정조의무 및 여성 배우자의 보호는 간통한 배우자를 상대로 한 재판상 이혼 청구, 손해배상청구 등 민사상의 제도에 의해 보다 효과적으로 달성될 수 있고, 오히려 간통죄가 유책의 정도가 훨씬 큰 배우자의 이혼수단으로 이용되거나 일시 탈선한 가정주부 등을 공갈하는 수단으로 악용되고 있기도 하다. 결국 심판대상조항은 과잉금지원칙 중 수단의 적절성, 침해최소성, 법익의 균형성에 위배하여 국민의 성적 자기결정권 및 사생활의 비밀과 자유를 침해하는 것으로서 헌법에 위반된다.

2) 재판관 이진성의 다수의견에 대한 보충의견

간통행위는 행위 유형이 다양하여 법정형으로 징역형만 규정한 것이 책임과 형벌 사이에 균형을 잃을 가능성은 있지만, 재산형인 벌금형이나 명예형인 자격형이 배우자에 대한 정조의무를 저버리고 혼인제도의 문란을 가져오는 비윤리적 범죄인 간통죄에 유효하고 적절한 수단이라고 보기 어렵다. 부부 일방의 부정행위로 인한 민사, 가사 문제들의 해결수단을 간통죄를 유지시켜 형사사건에서 찾을 것도 아니다. 간통행위로 인한 가족의 해체 사태에서 손해배상, 재산분할청구, 자녀양육 등에 관한 재판실무관행을 개선하고 배우자와 자녀를 위해 필요한 제도를 새로 강구해야 한다.

3) 재판관 김이수의 위헌의견

간통죄의 본질은 자유로운 의사에 기하여 혼인이라는 사회제도를 선택한 자가 의도적으로 배우자에 대한 성적 성실의무를 위배하는 성적 배임행위를 저지른 데 있다. 혼인생활을 영위하고 있는 간통행위자 및 배우자 있는 상간자에 대한 형사처벌은 부부 간의 성적 성실의무에 기초한 혼인제도에 내포되어 있는 사회윤리적 기본질서를 최소한도로 보호하려는 정당한 목적 하에 이루어지는 것으로서 개인의 성적 자기결정권에 대한 과도한 제한이라고 하기 어렵다. 그러나 사실상 혼인관계의 회복이 불가능한 파탄상태로 인해 배우자에 대한 성적 성실의무를 더 이상 부담하지 아니하는 간통행위자나 미혼인 상간자의 상간행위 같이 비난가능성 내지 반사회성이 없는 경우도 있다. 그럼에도 불구하고, 심판대상조항이 일률적으로 모든 간통행위자 및 상간자를 형사처벌하도록 규정한 것은 개인의 성적 자기결정권을 과도하게 제한하는 국가형벌권의 과잉행사로서 헌법에 위반된다.

4) 재판관 강일원의 위헌의견

간통 및 상간행위가 내밀한 사생활의 영역에 속하는 것이라고 해도 이에 대한 법적 규제를 할 필요성은 인정되고, 그에 대한 규제의 정도는 원칙적으로 입법자가 결정할 사항이므로, 입법자가 간통행위를 예방하기 위하여 형벌이라는 제재수단을 도입한 것이 그 자체로 헌법에 위반된다고 볼 수는 없다. 그러나 형법은 간통죄를 친고죄로 규정하면서, 배우자의 종용이나 유서가 있는 경우 간통죄로 고소할 수 없도록 규정하고 있는데, 소극적 소추조건인 종용이나 유서의 개념이 명확하지 않아 수범자인 국민이 국가 공권력 행사의 범위와 한계를 확실하게 예측할 수 없으므로 심판대상조항은 명확성원칙에 위배되며, 간통 및 상간행위에는 행위의 태양에 따라 죄질이 현저하게 다른 수많은 경우가 존재함에도 반드시 징역형으로만 응징하도록 한 것은 구체적 사안의 개별성과 특수성을 고려할 수 있는 가능성을 배제 또는 제한하여 책임과 형벌간 비례의 원칙에 위배되어 헌법에 위반된다.

5) 재판관 이정미, 재판관 안창호의 반대의견

간통은 일부일처제에 기초한 혼인이라는 사회적 제도를 훼손하고 가족공동체의 유지·보호에 파괴적인 영향을 미치는 행위라는 점에서 개인의 성적 자기결정권의 보호영역에 포함되어 있다고 보기 어렵다. 배우자 있는 자의 간통 및 그에 동조한 상간자의 행위는 단순한 윤리적·도덕적 차원의 문제를 넘어서 사회질서를 해치고 타인의 권리를 침해하는 것이라고 보는 우리 사회의 법의식은 여전히 유효하다. 특히 간통죄의 폐지는 우리 사회 전반에서 성도덕 의식의 하향화를 가져오고 성도덕의 문란을 초래할 수 있으며, 그 결과 혼인과 가족 공동체의 해체를 촉진시킬 수 있다는 점에서, 간통죄를 형사처벌하도록 한 입법자의 판단이 자의적인 것이라고 보기는 어렵다. 부부공동생활이 파탄되어 회복될 수 없을 정도의 상태에 이르러 더 이상 배우자에 대한 성적 성실의무를 부담한다고 볼 수 없는 경우에는 간통행위가 사회윤리 내지 사회상규에 위배되지 아니하는 행위로서 위법성이 조각될 여지가 있으므로 과잉처벌의 문제는 발생하지 않을 수 있다. 심판대상조항은 징역형만을 규정하고 있으나 법정형의 상한 자체가 높지 않아 지나치게 과중한 형벌을 규정하고 있다고 볼 수 없고, 벌금형에 의할 경우 간통행위자에 대하여 위하력을 가지기 어려우므로 형벌체계상 균형에 반하는 것이라고 할 수도 없다. 또한 현행 민법상의 제도나 재판실무에 비추어보면, 간통죄를 폐지할 경우 수많은 가족공동체가 파괴되고 가정 내 약자와 어린 자녀들의 인권과 복리가 침해되는 사태가 발생하게 될 것을 우려하지 않을 수 없다. 따라서 심판대상조항은 과잉금지원칙에 위반된다고 할 수도 없다.

(3) 평석

우리 헌재가 활동을 시작한 이후 가장 논란이 많았던 쟁점 중 하나인 간통죄에 관하여 헌재가 마침내 위헌을 선언하였다. 그동안 헌재는 과거 네 차례의 심판에서 합헌이라고 판단을 하였으나,[10] 시간이 흐를수록 위헌 주장이 강해지고 그러한 주장이 공감을 얻어 왔다. 이번 결정에서 재판관 7인은 그 논거는 다르지만 위헌이라고 판단을 하였고, 2명만이 합헌이라고 판단을 하여 결론적으로 위헌 결정을 하였다.

이미 살펴본 것처럼 5인의 다수의견은 간통죄 처벌 조항이 과잉금지원칙 중 수단의 적절성, 침해최소성, 법익의 균형성에 위배하여 국민의 성적 자기결정권 및 사생활의 비밀과 자유를 침해하는 것으로서 위헌이라고 판단하였다. 한편, 김이수 재판관은 모든 간통행위자 및 상간자를 일률적으로 형사처벌하는 것은 개인의 성적 자기결정권을 과도하게 제한하는 국가형벌권의 과잉행사이므로 위헌이라고 판단하였다. 그리고 강일원 재판관은 종용이나 유서의 개념이 명확하지 않아 명확성원칙에 위배되며, 간통 및 상간행위

10) 헌재 1990. 9. 10. 89헌마82; 헌재 1993. 3. 11. 90헌가70; 헌재 2001. 10. 25. 2000헌바60; 헌재 2008. 10. 30. 2007헌가17 등.

를 반드시 징역형으로만 응징하도록 한 것은 구체적 사안의 개별성과 특수성을 고려할 수 있는 가능성을 배제 또는 제한하여 책임과 형벌간 비례의 원칙에 위배되어 위헌이라고 판단하였다.

그동안 혼인 당사자의 문제를 국가가 형벌이라는 제재 방법으로 개입하는 것은 성적 자기결정권을 침해하고 혼인과 가족의 보호가 예정하고 있는 수단이 아니라는 권리 논증[11]과 형법의 보충적 기능에 충실하기 위하여 국가 형벌권 행사의 범위를 축소하려는 비범죄화 이론[12] 등에 의하여 간통죄의 위헌성이 강하게 주장되어 왔다. 조금 늦은 감은 있지만 지금이라도 헌재가 이 문제에 대하여 기본권 친화적인 결정을 한 것은 적절하다.

이와 같은 문제가 국민의 대표로 구성된 국회에서 논의되어 법률 개정을 통하여 해결되는 것이 바람직한 것이었는지, 이번 결정과 같이 헌재 결정을 통하여 해결되는 것이 바람직한 것이었는지는 좀 더 치밀한 이론적 검토가 필요해 보인다.

4. 주민등록법 제7조 제3항 등 헌법불합치 결정[13]

(1) 사건의 내용 및 쟁점

청구인들은 인터넷 포털 사이트 등의 개인정보 유출사고 피해자이다. 개인정보 불법유출을 이유로 각 관할 지방자치단체장에게 주민등록번호의 변경을 요청하였으나 거부당하였고 행정소송을 제기하였다. 그 과정에서 법원에 사건대상 법률인 주민등록법 제7조 제3항과 제4항의 위헌법률심사제청을 신청하였으나 각하된 후 헌재에 위헌소원을 청구하였다. 심판대상조항이 개인정보자기결정권을 침해하는지가 핵심 쟁점이다.

---

11) 전광석, 「한국헌법론」, 집현재, 2015, 486-487쪽.

12) 이에 관해서는 임웅, "비범죄화론의 의의와 근본사상", 「법률학의 제문제: 유기천 박사 고희 기념 논문집」, 박영사, 1988; 임웅, 「비범죄화의 이론」, 법문사, 1999 참고.

13) 헌재 2015.12.23. 2013헌바68 등.

(2) 결정요지

1) 재판관 6인의 다수의견

① 주민등록번호는 표준식별번호로 기능함으로써 개인정보를 통합하는 연결자로 사용되고 있어, 불법 유출 또는 오·남용될 경우 개인의 사생활뿐만 아니라 생명·신체·재산까지 침해될 소지가 크므로 이를 관리하는 국가는 이러한 사례가 발생하지 않도록 철저히 관리하여야 하고, 이러한 문제가 발생한 경우 그로 인한 피해가 최소화되도록 제도를 정비하고 보완하여야 할 의무가 있다. 그럼에도 불구하고 주민등록번호 유출 또는 오·남용으로 인하여 발생할 수 있는 피해 등에 대한 아무런 고려 없이 주민등록번호 변경을 일체 허용하지 않는 것은 그 자체로 개인정보자기결정권에 대한 과도한 침해가 될 수 있다.

비록 국가가 개인정보보호법 등으로 정보보호를 위한 조치를 취하고 있더라도, 여전히 주민등록번호를 처리하거나 수집·이용할 수 있는 경우가 적지 아니하며, 이미 유출되어 발생된 피해에 대해서는 뚜렷한 해결책을 제시해 주지 못하므로, 국민의 개인정보를 충분히 보호하고 있다고 보기 어렵다. 한편, 개별적인 주민등록번호 변경을 허용하더라도 변경 전 주민등록번호와의 연계 시스템을 구축하여 활용한다면 개인식별기능 및 본인 동일성 증명기능에 혼란이 발생할 가능성이 없고, 일정한 요건 하에 객관성과 공정성을 갖춘 기관의 심사를 거쳐 변경할 수 있도록 한다면 주민등록번호 변경절차를 악용하려는 시도를 차단할 수 있으며, 사회적으로 큰 혼란을 불러일으키지도 않을 것이다. 따라서 주민등록번호 변경에 관한 규정을 두고 있지 않은 심판대상조항은 과잉금지원칙에 위배되어 개인정보자기결정권을 침해한다.

② 심판대상조항의 위헌성은 주민등록번호 변경에 관하여 규정하지 아니한 부작위에 있는바, 이를 이유로 심판대상조항에 대하여 단순위

헌결정을 할 경우 주민등록번호제도 자체에 관한 근거규정이 사라지게 되어 용인하기 어려운 법적 공백이 생기게 되고, 주민등록번호 변경제도를 형성함에 있어서는 입법자가 광범위한 입법재량을 가지므로, 심판대상조항에 대하여는 헌법불합치결정을 선고하되, 2017. 12. 31.을 시한으로 입법자가 개선입법을 할 때까지 계속 적용하기로 한다.

2) 재판관 이진성의 심판대상조항 특정에 대한 반대의견

주민등록번호 변경제도를 마련하지 아니한 부진정 입법부작위와 가장 밀접하게 연관되는 조항은 주민등록법 제7조 전체가 아닌 같은 조 제4항이고, 주민등록번호 제도나 주민등록표 제도 자체에는 다수의견이 지적하는 위헌성이 없으므로 그 근거규정이 되는 주민등록법 제7조 나머지 항들은 합헌이며, 오직 같은 조 제4항을 심판대상조항으로 삼아 헌법불합치 선언을 하여야 한다.

3) 재판관 김창종, 재판관 조용호의 반대의견

주민등록번호제도는 행정사무를 신속하고 효율적으로 처리하여, 주민생활의 편익을 증진시키기 위한 것인바, 개별적인 주민등록번호 변경을 인정하는 경우 주민등록번호의 개인식별기능이 약화되어 주민등록번호 제도의 입법목적 달성이 어렵게 되고, 범죄은폐, 탈세, 채무면탈 또는 신분세탁 등의 불순한 용도로 이를 악용하는 경우까지 발생할 우려가 있으며, 수많은 변경을 모두 허용하게 되면 사회적 혼란이 야기될 수도 있다. 그런데 입법자는 개인정보보호법 등의 입법을 통하여 주민등록번호의 유출이나 오·남용에 대한 사전적 예방과 사후적 제재 및 피해구제 등의 조치를 강구하고 있다. 현대사회의 행정사무는 국민의 기본권을 보장하기 위한 영역으로 확장하고 있는바, 주민등록번호제도를 통한 행정사무의 적정하고 효율적인 처리는 국민의 기본권을 보장하는 데에도 중요하다. 이러한 점들을 종합하면, 심판대상조항이 과잉금지원칙에 위배되어 개인정보자기결정권을 침해한다고 볼 수 없다.

(3) 평석

헌재가 지난 2005년 주민등록법상 지문등록제도가 국민의 개인정보자기결정권을 제한한다는 점을 확인한 이후,[14] 주민등록제도나 주민등록번호제도 자체가 국민의 개인정보자기결정권이나 일반적 인격권, 사생활의 비밀과 자유를 침해한다는 주장이 꾸준히 제기되어 왔다. 그 사이 대량의 개인정보 불법유출 사태가 발생하였고, 그 당시 불법 유출된 개인정보는 이름, 주민등록번호, 전화번호 등이 대부분이었다. 「개인정보보호법」 개정 이후에도 법률에 근거하여 주민등록번호를 이용하는 관행은 지속되어 왔다. 입법부와 행정부는 국민의 개인정보보호를 위하여 주민등록번호 자체가 아니라 그 이용에 대한 제한 정책으로 이에 대처하여 왔다.

헌재의 이번 결정은 이러한 현실에 경종을 울린 의미있는 결정이다. 특히 그 위헌성을 분명히 하면서도, 헌법불합치 결정 형식을 취하여 입법권을 존중하는 모습을 보였다. 그러나 구체적인 내용을 살펴보면 입법자에게 이에 관한 적극적인 개선을 주문하고, 그렇게 하지 않으면 주민등록번호제도 자체가 위헌이 되도록 함으로써 매우 강하게 입법자를 압박하고 있다는 것을 알 수 있다. 이는 주민등록번호의 불변 원칙을 그대로 유지하면서 별로 실효성 없어 보이는 이용억제정책을 고수하던 입법부와 행정부가 전향적인 정책을 추진할 수 있는 계기를 마련하였다는 점에서 매우 긍정적인 결정이다.

5. 국가보안법 제7조 제1항 등 합헌 결정[15]

(1) 사건의 내용 및 쟁점

청구인은 이적단체의 고문직을 맡아 활동에 참여함으로써 이적단체에 가입하고, 반국가단체인 북한공산집단 또는 그 구성원을 찬양· 고무· 선전 또

14) 헌재 2005. 5. 26. 99헌마513 등.
15) 헌재 2015. 4. 30. 2012헌바95 등 (병합)

는 이에 동조할 목적으로 인터넷 사이트에 북한공산집단의 주장에 동조하는 내용의 글을 작성·게시하였다. 또한 반국가단체의 구성원인 김정일을 찬양하는 북한군가 등이 수록된 이메일을 송부받아 보관하고, 자신의 주거지에 북한체제 선전물 문건과 책자를 보관함으로써 이적표현물을 제작·소지·반포·취득하였다는 범죄사실로 유죄판결을 선고받았다. 이에 청구인은 항소하고, 항소심 계속 중인 국가보안법 제7조 제1항, 제3항, 제5항에 대한 위헌법률심판제청신청을 하였으나 기각되자 헌법소원심판을 청구하였다. 심판대상조항들이 표현의 자유, 결사의 자유, 양심의 자유 등을 침해하였는지 등이 핵심 쟁점이다.

(2) 결정요지

1) 반국가단체 조항의 반국가단체에 북한이 포함된다고 해석하는 것이 헌법에 위반된다는 취지의 주장은 사실인정 내지 법률조항의 포섭·적용, 법원의 법률해석이나 재판결과를 다투는 것에 불과하여 현행의 규범통제제도에 어긋나므로, 반국가단체 조항에 대한 심판청구는 부적법하다.

2) 남·북한 간의 대치상황, 국가보안법의 입법목적 등에 비추어, 이적행위의 의미가 국론의 분열, 체제의 전복 등을 야기하거나 국민주권주의, 법치주의 등 민주주의의 근간을 흔드는 행위를 의미한다는 점이 수범자의 입장에서 충분히 예측가능하고, 협력의 동반자로서의 북한의 지위와 관련된 주장들이나 통일·군사·안보 정책에 대한 건설적 비판, 남북상황, 대북정책 등에 대한 사적인 견해의 피력은 국가의 존립·안전이나 자유민주적 기본질서를 위태롭게 할 위험성이 전혀 없어 이적행위 조항에 의해 처벌되지 아니함이 명백하므로 확대해석이나 법적용에 있어서 자의적인 판단이 허용된다고 보기 어려우며, 구성요건적 행위인 “찬양”, “고무”, “선전”, “동조” 각각의 의미 역시 불분명하다고 볼 수 없다. 따라서 이적행위 조항은 죄형법정주의의 명확성원칙에 위배되지 않는다.

3) 이적행위 조항은 반국가단체 또는 그 동조세력에 의한 사회적 혼란을 미리 방지하고 그들에 의한 국가전복 등의 시도를 사전에 차단함으로써 국가의 안전과 국민의 생존 및 자유를 확보하기 위한 것으로 그 목적의 정당성이 인정된다. 1991년 이적행위 조항이 개정되어 "국가의 존립·안전이나 자유민주적 기본질서를 위태롭게 한다는 정을 알면서"라는 초과 주관적 구성요건이 추가됨으로써, 위 조항의 적용범위가 국가의 존립·안전이나 자유민주적 기본질서에 실질적 해악을 미칠 위험성이 명백한 행위로 제한되었다. 따라서 위 조항이 단순히 정부의 정책에 반대한다는 이유만으로 행위자를 처벌하는 수단으로 악용될 가능성은 거의 없다. 우리나라가 처한 특수한 안보현실에 비추어 볼 때, 구체적 위험이 현존하지는 않더라도 그 위험성이 명백한 단계에서 이적행위를 규제하는 것은 결코 표현의 자유에 대한 지나친 제한이 아니다. 이적행위 조항을 통하여 달성하고자 하는 국가의 존립과 안전, 국민의 생존과 자유라는 중대하고 긴요한 공익에 비하여, 개인이 이적행위를 할 수 없게 됨으로써 제한받는 사익이 결코 크다고 할 수 없으므로, 이적행위 조항은 표현의 자유를 침해하지 아니한다.

4) 이적단체가입 조항은 단체활동을 통한 국가전복의 위험, 민심의 교란, 국론의 분열 등을 방지하고 이를 통해 국가의 안전과 국민의 생존 및 자유를 확보하고자 하는 것으로 입법목적의 정당성이 인정되고, 이적단체에 가입하는 행위 자체를 단순한 이적활동에 비하여 가중하여 처벌하는 것은 위와 같은 입법목적을 달성함에 있어 적절한 수단이다. 이적단체가입 조항은 엄격한 요건 하에서만 적용되므로, 위 조항이 정부가 특정한 정치적 의사를 표현하는 단체의 활동을 억압하는 수단으로 남용될 위험성은 거의 없다. 조직력을 갖추고 있는 단체는 그 활동이 체계적이고 활동의 파장이나 영향력이 커 언제라도 사회 혼란을 야기하는 기폭제가 될 수 있으므로, 단체에 가입한 행위 자체를 처벌하는 것은 결코 표현의 자유나 결사의 자유에 대한 지나친 제한이 아니다. 위 조항으로 인하여 이적단체에 가입하고 이를 통해 의사를 표현하고자 하는 자유가 다소 제한된다고 할지라도, 그 제한의 정도

가 국가의 존립과 안전, 국민의 생명과 자유를 수호하고자 하는 공익에 비하여 결코 중하다고 볼 수 없다. 따라서 이적단체가입 조항은 표현의 자유 및 결사의 자유를 침해하지 아니한다.

5) 이적표현물 조항 중 "문서·도화 기타의 표현물"은 개인적인 사상, 의견, 신념이나 이념 등을 글, 그림 또는 언어 등의 형상으로 나타낸 일체의 물건을 뜻하고, 이적표현물을 소지한다는 것은 이적표현물을 자기의 사실상의 지배하에 두는 것을 의미하므로, 그 의미가 불명확하다거나 다의적으로 해석될 여지가 있다고 보기 어렵다. 국가의 존립·안전이나 자유민주적 기본질서를 위태롭게 할 만한 위험성을 전혀 갖지 아니한 표현물은 위 조항의 적용대상이 아니라는 점 역시 명백하다. 따라서 이적표현물 조항은 죄형법정주의의 명확성원칙에 위배되지 아니한다.

6) 이적표현물 조항은 표현물의 제작, 유통, 전파 등으로 인한 사회의 혼란을 방지하고 이를 통해 국가의 안전과 존립, 국민의 생존과 자유를 확보하고자 함에 그 입법목적이 있는바, 이러한 목적에는 정당성이 인정된다. 이적표현물 조항은 표현물의 제작·소지·반포·취득행위가 국가의 존립·안전이나 자유민주적 기본질서에 실질적 해악을 줄 명백한 위험성이 있는 경우에 한하여 적용되므로 그로 인한 기본권의 제한이 결코 지나치다고 볼 수 없다. 이적표현물의 소지·취득행위만으로도 그 표현물의 이적내용이 전파될 가능성을 배제하기 어렵고, 특히 최근 늘어나고 있는 전자매체 형식의 표현물들은 실시간으로 다수에게 반포가 가능하고 소지·취득한 사람의 의사와 무관하게 전파, 유통될 가능성도 배제할 수 없으므로, 이적표현물을 소지·취득하는 행위가 지니는 위험성이 이를 제작·반포하는 행위에 비해 결코 적다고 보기 어렵다. 따라서 이적표현물 조항은 표현의 자유 및 양심의 자유를 침해하지 아니한다.

7) 이적표현물의 소지나 취득행위의 위법성이 다른 유형의 행위에 비해 결코 경미하다고 단언할 수 없고 법정형으로 징역형만을 정하고 있는 입법

자의 선택이 현저히 불합리하다고 볼 수도 없으므로, 이적표현물 조항이 소지·취득행위를 제작·반포 등의 행위와 함께 같은 법정형으로 처벌하는 것으로 규정하였다고 하더라도 형벌과 책임 간의 비례원칙에 위배되지 않는다.

8) 김이수 재판관의 이적행위 조항 중 '동조' 부분에 대한 반대의견

이적행위 조항의 '동조'라 함은 반국가단체 등의 선전·선동 및 그 활동과 동일한 내용의 주장을 하거나 이에 합치되는 행위를 하여 반국가단체 등의 활동에 호응·가세하는 것을 말한다. 그런데 북한이 선전·선동하는 내용 중에서는 그 내용 자체로는 대한민국의 존립·안전과 자유민주적 기본질서를 위협한다고 볼 수 없는 주장도 있으므로, '반국가단체 등의 선전·선동 및 그 활동과 동일한 내용의 주장'에 대한 처벌은 과연 어떠한 내용의 주장까지를 처벌하는 것인지 그 경계를 알기 어렵고, 수사기관이나 법원의 자의가 개입될 경우 통일·군사·안보문제에 관한 개인적인 견해를 표명하거나 정부의 대북 정책을 정당하게 비판하는 경우까지도 처벌대상이 될 수 있어 그 처벌 범위가 지나치게 넓어지게 된다. '북한의 선전·선동 및 그 활동에 합치되는 행위'나 '반국가단체 등의 활동에 호응·가세'한다는 것 역시, 정확히 어떠한 행위가 처벌대상이 되는지 예측하기가 매우 어렵다. 따라서 이적행위 조항 중 '동조' 부분은 죄형법정주의의 명확성원칙에 위배된다.

어느 개인이 북한이 선전하는 내용과 동일한 주장을 하거나 그에 합치하는 행동을 한다고 하여 그것만으로 국가의 존립·안전이나 자유민주적 기본질서에 실질적 해악을 끼칠 명백한 위험성이 발생할 가능성은 현실적으로 거의 없다. 동조행위는 찬양·고무·선전행위에 비하여도 훨씬 소극적이고 수동적인 행위이며, 타인을 직접적인 대상으로 할 필요도 없는 행위여서 외부적 영향력이 극히 적기 때문이다. 따라서 반국가단체 등에 대한 동조행위를 처벌하는 것은 실질적으로는 그러한 주장과 행위로 인한 외부적 위험성을 이유로 처벌하는 것이 아니라 그 주장과 행위의 내용 자체를 문제 삼아 처벌하는 것과 다를 바가 없다. 이는 우리 사회의 주류적 견해와 다른 불온하고 위험한 견해라는 이유로 특정 사상이나 견해의 표명을 금지하고 억압하

는 것으로서, 다원주의적 가치관을 전제로 하는 민주주의의 정치적 이상에 정면으로 배치되는 것이다. 형법과 국가보안법은 반국가단체 등의 활동에 대한 표현행위 중 국가의 존립·안전이나 자유민주적 기본질서에 실질적 해악을 끼칠 명백한 위험성이 있는 표현행위에 대한 처벌규정을 이미 충분히 갖추고 있으므로, 그에 더하여 굳이 동조행위까지 처벌할 필요성이 인정되지 아니한다. 이적행위 조항 중 '동조' 부분은 구성요건에 관한 엄격한 해석을 도외시한 채 수사기관과 법원이 자의적으로 처벌대상을 정할 수 있는 여지를 열어둔 것이다. 따라서 이적행위 조항 중 '동조' 부분은 과잉금지원칙에 반하여 표현의 자유 및 양심의 자유를 침해하므로 헌법에 위반된다.

9) 재판관 김이수, 재판관 이진성, 재판관 강일원의 이적표현물 조항 중 '소지·취득한 자' 부분에 대한 반대의견

이적표현물의 소지·취득행위는 그 자체로는 대외적 전파가능성을 수반하지 아니하므로, 국가의 존립과 안전에 어떠한 위해를 가할 가능성이 있다고 보기 어렵다. 이적표현물을 소지·취득한 자가 이를 유포·전파할 수도 있다는 가능성은 막연하고 잠재적인 가능성에 불과하고, 유포·전파행위 자체를 처벌함으로써 이적표현물의 유통 및 전파를 충분히 차단할 수 있으므로, 그 단계에 이르지 않은 소지·취득행위를 미리 처벌하는 것은 과도한 규제이다. 이러한 결론은 이적표현물이 전자매체의 형식을 가지고 있는 경우에도 달라진다고 볼 수 없다. 이적표현물을 소지·취득한 사람에게 이적행위를 할 목적이 있었는지 여부에 대한 인정 기준은 매우 추상적이고 주관적이며 불확실하므로, 행위자의 과거의 전력이나 평소의 행적을 통하여 추단되는 이념적 성향만을 근거로 하여 이적표현물을 소지·취득하고 있다는 사실을 문제 삼아 수사기관이나 법원이 자의적으로 처벌하는 것이 가능하게 되고, 반대자나 소수자를 억압하는 수단으로 위 규정이 오·남용될 가능성도 배제할 수 없다. 특히 이적표현물의 소지행위는 계속범에 해당하므로, 이적표현물을 취득한 후에 계속 소장하고 있으면 취득시점으로부터 수십 년이 지난 후에도 처벌될 수 있어 사실상 공소시효가 의미없게 되고, 자신이 그러한 표현

물을 소지하고 있었는지조차 인식하지 못한 상태에서 처벌되는 경우도 발생할 수 있다. 따라서 이적표현물 조항 중 '소지·취득한 자' 부분은 과잉금지원칙에 반하여 표현의 자유와 양심의 자유를 침해하므로 헌법에 위반된다.

(3) 평석

헌재는 이번 결정은 (i) 이적행위 조항은 명확성원칙에 반하지 않고, 표현의 자유를 제한하나 침해하지 않으며, (ii) 이적단체가입 조항은 표현의 자유와 결사의 자유를 제한하나 침해하지 않으며, (iii) 이적표현물 조항은 명확성원칙, 형벌과 책임 간의 비례원칙에 반하지 않고, 표현의 자유와 양심의 자유를 제한하나 침해하지 않는다고 요약할 수 있다.

헌재는 선례[16]에서 구 국가보안법 제7조 제1항 등에 대하여 국가의 존립·안전을 위태롭게 하거나 자유민주적 기본질서에 위해를 줄 명백한 위험이 있을 경우에만 적용되는 것으로 축소해석하는 한 헌법에 위반되지 아니한다는 한정합헌 결정을 하였다. 개정된 국가보안법 제7조 제1항에서는 "국가의 존립·안전이나 자유민주적 기본질서를 위태롭게 한다는 정을 알면서"라는 주관적 구성요건이 추가되었다. 헌재는 주관적 구성요건의 추가로, 개정된 국가보안법 제7조 제1항과 이를 전제로 한 같은 조 제3항, 제5항이 헌법에 위반되지 않는다는 결정을 선고하였다.[17] 이 사건에서도 헌재는 합헌 결정을 선고함으로써 선례의 결론을 유지하였다. 그러나, 이번 결정은 선례와 달리 표현의 자유 및 양심의 자유의 침해 여부에 대하여 본격적으로 과잉금지원칙 위반여부를 심사하였다. 선례에서는 주로 죄형법정주의에서 명확성원칙 위반 여부가 심사 기준이 되었었다. 이러한 면에서 이번 결정은 심사 기준의 관점에서 진일보하였다고 평가할 수 있다.

헌재는 이적행위 조항은 표현의 자유를 제한하는 것으로 판단하였다. 그리고 목적의 정당성과 수단의 적절성, 침해의 최소성과 법익의 균형성을

---

16) 헌재 1990.04.02. 89헌가113 등.

17) 헌재 1996.10.04. 95헌가2 등.

충족하는 것으로 판단하였다. 침해의 최소성 판단에서는 위험의 명백성을 기준으로 판단하였다. 청구인은 국가의 존립·안전과 자유민주적 기본질서에 대한 실질적 해악이 구체적으로 현존하는 단계에 이른 경우만을 처벌대상으로 삼아도 국가의 안전, 국민의 생명 및 자유의 보호라는 목적을 충분히 달성할 수 있을 것임에도, '위험의 명백성'만을 기준으로 이적행위 조항의 적용 여부를 결정하는 것은 표현의 자유에 대한 과도한 제한이라고 주장하였다. 이에 대해 헌재는 남북이 군사력을 바탕으로 대치하면서 적대적 태도를 완전히 포기하지 아니한 특수한 긴장 상황에서는 국가의 존립과 안전을 보장하고 헌법질서를 수호하기 위해서는 표현의 자유에 대한 제한이 어느 정도 불가피하다고 하며, 특수한 안보현실에서 반국가단체 등에 대한 찬양·고무·선전·동조 등의 행위로 야기된 명백한 위험은 그것이 반드시 현재 시점에 당장 현실화된 것은 아닐지라도 언제든지 국가안보에 상당한 위협이 될 수 있고, 위험이 구체적이고 현존하는 단계에는 이미 국가의 존립이나 안전에 막대한 피해가 초래되어 돌이킬 수 없거나 공권력의 개입이 무의미해질 가능성도 있으므로, 구체적 위험이 현존하지는 않더라도 그 위험성이 명백한 단계에서 반국가단체 등에 대한 찬양·고무·선전·동조 행위 등을 규제하는 것은 국가의 안전과 존립, 국민의 생존과 자유를 보호하기 위한 불가피한 선택으로 결코 표현의 자유에 대한 지나친 제한이 아니라고 판단하였다.

미국 연방대법원은 1919년 Schenk v. United States사건[18]에서 명백하고 현존하는 위험의 원칙을 제시하여 표현의 자유를 두텁게 보호하는 계기를 마련하였다. 그러나 이 원칙은 시대에 따라 부침을 하였다. Gitlow v. New York사건에서는 공공의 안전에 대하여 현존하거나 절박한 위험에 이를 때까지 국가가 기다리도록 하는 것은 불합리하고, 국가는 현존하고 절박한 위험에 이를 때까지 기다릴 필요 없이 위험한 경향이 있으면 이를 제거할 수 있다는 위험 경향의 이론을 제시하였다.[19] 헌재가 이번 결정에서 사용한 기준은 이 위험경향의 이론에 접근하는 이론으로 평가할 수 있다.

---

18) Schenk v. United States, 249 U.S. 47(1919).

19) Gitlow v. New York, 268 U.S. 652, 669, 670(1925).

6. 공직선거법 제82조의6 제1항 등 합헌 결정[20)]

(1) 사건의 내용 및 쟁점

2012년 지난 18대 대통령 선거운동기간 중 유권자인 게시판 이용자와 인터넷 언론사가 인터넷 게시판 등에서 이용자 실명확인조치를 의무화하는 공직선거법 조항에 대하여 위헌을 확인하는 헌법소원을 청구하였다. 그리고 한 인터넷 포털 사이트는 18대 대통령 선거운동기간에 공직선거법이 정하는 실명확인조치를 하지 않아서 제주선거관리위원회로부터 과태료 처분을 받았다. 이 처분에 대하여 법원에 이의신청을 하면서, 공직선거법 관련 조항에 대해 위헌법률심판제청신청을 했으나 기각되어 헌법소원을 청구하였다. 심판대상조항이 명확성원칙, 익명표현의 자유 등을 침해하는지가 핵심 쟁점이다.

(2) 결정요지

1) 재판관 5인의 다수의견

① 관계법령의 규정 내용이 구체적으로 '인터넷언론사'의 범위에 관하여 규정하고 있고, 독립된 헌법기관인 중앙선거관리위원회가 설치·운영하는 인터넷선거보도심의위원회가 이를 결정·게시하는 이상, 해당 인터넷언론사가 자신이 실명확인 조치의무를 지는지 여부에 관하여 확신이 없는 상태에 빠지는 경우를 상정할 수 없고, '지지·반대'의 정보는 건전한 상식과 통상적인 법감정을 가진 사람이면 자신의 글 등이 이에 해당하는지를 충분히 알 수 있다고 할 것이므로, 이 사건 법률조항 중 '인터넷언론사'와 '지지·반대' 부분이 명확성원칙에 위배된다고 할 수 없다.

② 선거운동기간 중 인터넷언론사 게시판 등을 통한 흑색선전이나 허위사실이 유포될 경우 언론사의 공신력과 지명도에 기초하여 광범

---

20) 헌재 2015. 7. 30. 2012헌마734 등.

위하고 신속한 정보의 왜곡이 일어날 수 있으므로, 실명확인조항은 이러한 인터넷언론사를 통한 정보의 특성과 우리나라 선거문화의 현실 등을 고려하여 입법된 것으로 선거의 공정성 확보를 위한 것이다. 실명확인조항은 실명확인이 필요한 기간을 '선거운동기간 중'으로 한정하고, 그 대상을 '인터넷언론사 홈페이지의 게시판·대화방' 등에 '정당·후보자에 대한 지지·반대의 정보'를 게시하는 경우로 제한하고 있는 점, 인터넷이용자는 실명확인을 받고 정보를 게시할 것인지 여부를 선택할 수 있고 실명확인에 별다른 시간과 비용이 소요되는 것이 아닌 점, 실명확인 후에도 게시자의 개인정보가 노출되지 않고 다만 '실명인증' 표시만이 나타나는 점 등을 고려하면, 이 사건 법률조항이 과잉금지원칙에 위배되어 게시판 이용자의 정치적 익명표현의 자유, 개인정보자기결정권 및 인터넷언론사의 언론의 자유를 침해한다고 볼 수 없다.

2) 재판관 4인(이정미, 김이수, 이진성, 강일원)의 반대의견

정당한 익명표현과 유해한 익명표현을 구분하는 명확한 사회적 합의를 도출하기 어려운 상황에서, 책임 있는 의견이 개진되거나 위법한 표현행위가 감소될 것이라는 추상적 가능성만으로 유해한 익명표현뿐만 아니라 유익한 익명표현까지 사전적·포괄적으로 규제하는 것은 정치적 의사표현을 위축시켜 선거의 공정이라는 입법목적 달성에 오히려 장애가 된다. 인터넷을 이용한 선거범죄에 대하여는 명예훼손죄나 후보자비방죄 등 여러 제재수단이 이미 마련되어 있음에도 불구하고, 수사편의 및 선거관리의 효율성이라는 기술적 편리성에만 치우쳐 사전적·예방적 규제를 통하여 익명표현 자체를 제한하는 것은 국민을 잠재적 범죄자로 취급하는 것으로 침해의 최소성 원칙에 위배된다. 이 사건 법률조항이 규제하고 있는 선거운동기간이 정치적 표현의 자유를 행사함에 있어 가장 긴요한 시기라고 볼 수 있는 점과 표현의 자유 보장이 민주주의의 근간이 되는 중요한 헌법적 가치라는 점을 고려할 때, 익명표현의 자유를 제한하는 데 따르는 불이익이 선거의 공정성 유지라는

공익보다 결코 더 작다고 할 수 없다. 따라서 이 사건 법률조항은 과잉금지 원칙에 위배되어 표현의 자유를 침해한다.

(3) 평석

심판대상조항은 헌재 2010. 2. 25. 2008헌마324등 결정으로 이미 합헌 결정을 받았었다. 그러나 2012년 대통령 선거를 앞두고 상시적인 인터넷 실명제를 규정한 정보통신망법 제44조의5 등에 대하여 헌재가 위헌 결정[21]을 하고, 중앙선거관리위원회가 심판대상조항의 폐지를 입법의견으로 제시한 것을 계기로 다시 헌법소원이 이루어졌다.

헌재는 2010년에 이어 이번에도 합헌 결정을 하였다. 선거의 공정성을 확보하는 것이 필요한데 심판대상조항은 그 기간을 '선거운동기간 중'으로 한정하고, 그 대상을 '인터넷언론사 홈페이지의 게시판·대화방' 등에 '정당·후보자에 대한 지지·반대의 정보'를 게시하는 경우로 한정하고 있으며, 이용자의 선택 가능성이 있고 실명확인에 별다른 시간과 비용이 소요되는 것이 아니기 때문에 정치적 익명표현의 자유, 개인정보자기결정권 및 인터넷언론사의 언론의 자유를 침해하지 않는다는 것이다.

그러나 평석에서 누차 지적한 것처럼 현행 공직선거법은 공정성·기회균등을 지나치게 강조하고 있다. 선거운동의 자유와 공정성·기회균등은 국민통합을 이루기 위한 선거라는 수레에 달린 두 개의 바퀴이다. 어느 한 바퀴가 크면 수레가 원하는 방향으로 잘 나아가기 어렵듯, 양 자가 조화를 이루어야 국민통합을 이루는 선거를 할 수 있다.[22] 나아가 헌재가 다른 결정에서 판시한 것처럼 "인터넷은 누구나 손쉽게 접근 가능한 매체이고, 이를 이용하는 비용이 거의 발생하지 아니하거나 또는 적어도 상대적으로 매우 저렴하여 선거운동비용을 획기적으로 낮출 수 있는 정치공간으로 평가받고

---

21) 헌재 2012. 8. 23. 2010헌바47 등.

22) 정필운, "2009년 중요헌법판례", 「헌법판례연구」 제11권, 박영사, 2010, 52쪽; 조재현, 정필운, "2011년 중요헌법판례", 「헌법판례연구」 제13권, 박영사, 2012, 83쪽.

있고, 오히려 매체의 특성 자체가 '기회의 균형성·투명성·저비용성의 제고'라는 공직선거법의 목적에 부합하는 것이라고도 볼 수 있는 점, 후보자에 대한 인신공격적 비난이나 허위사실 적시를 통한 비방 등을 직접적으로 금지하고 처벌하는 법률규정은 이미 도입되어 있……는 점 등을 고려하면"[23] 심판대상조항은 입법목적을 달성하기 위한 적합한 수단이라고 판단하기 어렵다. 또한 침해의 최소성과 법익의 균형성도 상실하고 있다.

이러한 측면에서 보았을 때, 선거운동기간의 특수성과 민주주의의 관점에서 표현의 자유의 중요성을 조명하며 심판대상조항이 과잉금지원칙에 위배되어 표현의 자유를 침해한다고 판단한 반대의견이 매우 돋보인다.

물론 이 결정이 2012년 대통령 선거에서 국가정보원이 댓글 및 SNS를 이용하여 선거에 개입한 사건에 대한 대법원 판결[24]이 선고된 시점이라는 점을 감안하면, 다수의견의 고민도 충분히 이해할 수 있다. 그러나 당해 사건에서 시민이 큰 충격을 받은 것은 국내외 보안정보를 수집, 작성, 배포하고, 기밀자료에 대한 보안 업무 등 특수 업무를 담당하는 국가기관이 그 지위를 이용하여 여론 조작을 시도하였다는 점, 그것도 대의민주제와 대통령제를 취하고 있는 우리 헌법에서 매우 특별한 헌법적 의미가 있는 대통령 선거 결과에 부당한 영향력을 행사하려고 했다는 점이다. 이러한 사건의 재발을 막는 방법은 국가정보원이 이와 같은 행위를 반복하지 않도록 하는데 초점을 맞추어야지, 선거운동기간 중 '일반 시민'의 표현의 자유를 광범위하게 제한하는 심판대상조항과 같은 방법은 적절한 방법이 아니다.

2010년 결정에서 위헌의견이 2인(재판관 김종대, 송두환)이었는데, 이번 결정에서 위헌의견이 4인으로 늘어난 것이 상징하는 바가 크다. 앞으로 심판대상조항에 대한 헌재의 전향적인 결정을 기대한다.

---

23) 헌재 2011. 12. 29. 2007헌마1001 등.

24) 대법원 2015. 7. 16. 선고 2015도2825 판결.

7. 정치자금법 제45조 제1항 등 위헌 결정[25)]

(1) 사건의 내용 및 쟁점

이 사건은 2006년 3월 13일부터 정당 후원회제도를 폐지하고 후보자 개인에 대한 후원회만을 허용하고 있는 정치자금법 제6조와 그 처벌규정인 제45조에 대한 위헌소원이다. 청구인들은 폐지된 정당 후원회제도 대신 '후원 당원' 제도를 이용하여 정치자금을 수수한 정당회계담당자와 후원자 개인들이다. 이들은 심판대상법률에 의하여 정치자금법 위반으로 재판이 진행 중이었다. 재판 중 후원 당원 제도를 통한 정치자금수수를 금지하는 것으로 해석되는 정치자금법 조항에 대하여 위헌법률심사를 신청하였으나 법원에서 기각되어 헌법소원을 통해 위헌소원을 제기하였다. 심판대상조항이 정당의 정당활동의 자유와 국민의 정치적 표현의 자유를 침해하는지가 핵심 쟁점이다.

(2) 결정요지

1) 이 사건 법률조항은 정당 후원회를 금지함으로써 불법 정치자금 수수로 인한 정경유착을 막고 정당의 정치자금 조달의 투명성을 확보하여 정당 운영의 투명성과 도덕성을 제고하기 위한 것으로, 입법목적의 정당성은 인정된다. 그러나 정경유착의 문제는 일부 재벌기업과 부패한 정치세력에 국한된 것이고 대다수 유권자들과는 직접적인 관련이 없으므로 일반 국민의 정당에 대한 정치자금 기부를 원천적으로 봉쇄할 필요는 없고, 기부 및 모금한도액의 제한, 기부내역 공개 등의 방법으로 정치자금의 투명성을 충분히 확보할 수 있다. 정치자금 중 당비는 반드시 당원으로 가입해야만 납부할 수 있어 일반 국민으로서 자신이 지지하는 정당에 재정적 후원을 하기 위해 반드시 당원이 되어야 하므로, 정당법상 정당 가입이 금지되는 공무원 등의 경우에는 자신이 지지하는 정당에 재정적 후원을 할 수 있는 방법이 없다.

25) 헌재 2015.12.23. 2013헌바168.

그리고 현행 기탁금 제도는 중앙선거관리위원회가 국고보조금의 배분비율에 따라 각 정당에 배분·지급하는 일반기탁금제도로서, 기부자가 자신이 지지하는 특정 정당에 재정적 후원을 하는 것과는 전혀 다른 제도이므로 이로써 정당 후원회를 대체할 수 있다고 보기도 어렵다. 나아가 정당제 민주주의 하에서 정당에 대한 재정적 후원이 전면적으로 금지됨으로써 정당이 스스로 재정을 충당하고자 하는 정당활동의 자유와 국민의 정치적 표현의 자유에 대한 제한이 매우 크다고 할 것이므로, 이 사건 법률조항은 정당의 정당활동의 자유와 국민의 정치적 표현의 자유를 침해한다.

2) 대상법률조항은 헌법에 위반되므로 원칙적으로 위헌결정을 하여야 할 것이나, 위헌결정을 하여 당장 그 효력을 상실시킬 경우 후원회를 지정할 수 있는 근거규정이 없어지게 되어 법적 공백상태가 발생되고, 이로 말미암아 정치자금법상 후원회를 통하지 않고 기부한도 등의 제한이나 선거관리위원회의 통제 없이 정치자금의 후원이 이루어지게 되어 정경유착과 금권선거의 폐해가 발생할 우려가 있으므로, 이 사건 법률조항에 대하여 헌법불합치 결정을 하기로 한다. 이 사건 법률조항은 그 위헌성이 제거될 때까지 잠정적으로 적용되어야 하고, 입법자는 되도록 빠른 시일 내에, 늦어도 2017. 6. 30.까지는 새 입법을 마련하여야 할 것이다.

3) 2010. 1. 25. 법률 제9975호로 개정된 정치자금법 제6조 제6호 중 개정된 부분은 정당 후원회와 무관하고, 개정 정치자금법에 의하더라도 후원회 지정권자에서 정당이 제외된 것은 마찬가지이어서 그 위헌여부에 관하여도 구 정치자금법과 동일한 결론에 이르게 됨이 명백하므로 개정된 정치자금법 제6조를 심판대상에 포함시키기로 한다.

4) 재판관 조용호의 반대의견

정치자금법 제45조 등은 기업과 정당 간의 정치자금 수수를 금지하는 것이 입법자의 불가피한 최선의 결단이었다. 대상법률조항이 국민의 정치적 표현의 자유를 과도하게 제한하였다고 단정하기 어렵다. 정당 후원회 부활의 문제는 지구당 제도, 당원협의회 사무소 설치 문제, 국고보조금과 기탁금 제도의 개선 등과 전체적으로 연동하여 함께 입법정책적으로 결단할 문제이다.

(3) 평석

2002년 불법대선자금 수수사건으로 인하여 정치자금법은 물론 공직선거법도 규제 일변도로 바뀌면서, 선거 관련 법령은 국민의 정치적 표현의 자유와 선거운동의 자유 등을 심각하게 제약한다는 비판을 받아왔다. 그중에서도 특히 정당의 후원금 모금을 금지하는 정치자금법은 그동안 군소정당의 존립과 활동의 자유를 지나치게 제한하는 것으로 비판을 받았다. 거대정당은 정치자금을 주로 국고보조금에 의존하고 있지만, 정치자금법에 따라 적게 국고보조금을 받는 군소정당은 후원금과 당비에 의존할 수밖에 없었는데, 그 중 후원금 모금을 금지당했기 때문이다. 이들 중 일부 군소정당은 '후원 당원' 제도를 만들어 정치자금을 조성하여 왔는데, 이것이 정치자금법 위반 혐의를 받은 것이다.

지난 2010년 헌재는 단체의 정치자금 기부를 금지한 정치자금법 조항에 대하여 합헌이라고 결정하였다.[26] 그러나 이번 사건은 그 구조가 전혀 다르다. 현행 정치자금법은 일반 시민이 특정 정당에 정치자금을 기부하는 것을 사실상 차단하고 있는 것이다. 정당은 국민의 이익을 위하여 책임있는 정치적 주장이나 정책을 추진하고 공직선거의 후보자를 추천 또는 지지함으로써 국민의 정치적 의사형성에 참여함을 목적으로 하는 국민의 자발적 조직(정당법 제2조)이므로 이를 유지하기 위한 재원은 원칙적으로 스스로 마련하여야 한다. 그런데 우리 현행 정당은 지나치게 국고보조금에 의존하여 운영되고 있다는 것이 문제로 지적되어 왔다. 이번 결정은 일반 시민이 정치자금 기부를 통하여 정치적 표현의 자유를 누리고, 정당이 스스로 재원을 마련할 수 있는 길을 열어주었다는 점에 큰 의미가 있다.

현행 제도상 정치를 규율하는 정치관련법도 원칙적으로 국회가 형성한

---

26) 헌재 2010. 12. 28. 2008헌바89.

다. 그런데 이와 같이 구조는 기존 거대 정당과 기성 정치인에게 유리하게 형성되는 경향을 띨 수 있다. 이렇게 되면 새로운 정당과 정치인이 정치권에 진입하는데 큰 장애가 되어 정치 발전에 저해가 된다. 이로 인하여 국회의원선거구획정과 같은 경우 국회 외의 참여를 허용하는 제도를 마련한 것이다. 그런데 정치자금에 관해서는 이와 같은 개입이 없다. 이런 상황에서 헌재가 헌법상 권한을 행사하여 이러한 제도 개선을 유도하는 것은 헌재의 헌법상 기능에 충실한 것이다. 한편, 헌재는 이에 대해 위헌이 아닌, 헌법불합치 결정을 하여 입법자가 이를 궁극적으로 형성하도록 하였다. 타당한 결정이라고 평가할 수 있다.

8. 형의 집행 및 수용자의 처우에 관한 법률 제82조 위헌결정[27)]

(1) 사건의 내용 및 쟁점

청구인은 무고 등의 혐의로 기소되어 2013. 9. 12. 징역 3년의 유죄판결이 확정되었다. 청구인은 ○○구치소에 수용되어 있을 당시 자신이 피고인인 별건 형사재판(수원지방법원 2012고단6266등)과 원고인 민사재판과 관련하여, 위 대법원 판결이 확정되기 전까지는 ‘형의 집행 및 수용자의 처우에 관한 법률’(이하 ‘형집행법’이라 한다) 제82조에 의하여 사복을 착용하고 법정에 출석할 수 있었으나, 판결이 확정된 이후에는 미결수용자가 아니라는 이유로 사복착용이 불허되었다. 이에 청구인은 2013. 10. 21. 주위적으로 위 법률조항의 위헌확인을 구하고, 예비적으로 위 사복착용 불허행위의 위헌확인을 구하는 이 사건 헌법소원심판을 청구하였다. 이 사건에서는 형집행법 제88조가 형사재판의 피고인으로 출석하는 수형자에 대하여, 사복착용을 허용하는 형집행법 제82조를 준용하지 아니한 것이 공정한 재판을 받을 권리, 인

---

27) 헌재 2015. 12. 23. 2013헌마712.

격권, 행복추구권을 침해하는지, 제88조가 민사재판의 당사자로 출석하는 수형자에 대하여, 사복착용을 허용하는 형집행법 제82조를 준용하지 아니한 것이 공정한 재판을 받을 권리, 인격권, 행복추구권을 침해하는지 여부가 핵심 쟁점이다.

(2) 결정요지

1) 수형자라도 확정되지 않은 별도의 형사재판에서만큼은 미결수용자와 같은 지위에 있으므로, 형사재판 출석 시 아무런 예외 없이 사복착용을 금지하고 재소자용 의류를 입도록 하여 인격적인 모욕감과 수치심 속에서 재판을 받도록 하는 것은 재판부나 검사 등 소송관계자들에게 유죄의 선입견을 줄 수 있고, 이미 수형자의 지위로 인해 크게 위축된 피고인의 방어권을 필요 이상으로 제약하는 것이다. 또한 형사재판에 피고인으로 출석하는 수형자의 사복착용을 추가로 허용함으로써 통상의 미결수용자와 구별되는 별도의 계호상 문제점이 발생된다고 보기 어렵다. 따라서 심판대상조항이 형사재판의 피고인으로 출석하는 수형자에 대하여 사복착용을 허용하지 아니한 것은 청구인의 공정한 재판을 받을 권리, 인격권, 행복추구권을 침해한다.

2) 민사재판에서 법관이 당사자의 복장에 따라 불리한 심증을 갖거나 불공정한 재판진행을 하게 되는 것은 아니므로, 심판대상조항이 민사재판의 당사자로 출석하는 수형자에 대하여 사복착용을 불허하는 것으로 공정한 재판을 받을 권리가 침해되는 것은 아니다. 수형자가 민사법정에 출석하기까지 교도관이 반드시 동행하여야 하므로 수용자의 신분이 드러나게 되어 있어 재소자용 의류를 입었다는 이유로 인격권과 행복추구권이 제한되는 정도는 제한적이고, 형사법정 이외의 법정 출입 방식은 미결수용자와 교도관 전용 통로 및 시설이 존재하는 형사재판과 다르며, 계호의 방식과 정도도 확연히 다르다. 따라서 심판대상조항이 민사재판에 출석하는 수형자에 대하여 사복착용을 허용하지 아니한 것은 청구인의 인격권과 행복추구권을 침해하지 아니한다.

3) 민사재판에 당사자로 출석하는 수형자에 대하여 사복착용을 불허하는 것에 대한 재판관 이정미, 이진성, 강일원의 반대의견

재판 과정에서 재소자용 의류의 착용을 강제하는 것이 과연 도주의 방지라는 목적 달성에 어느 정도로 효과가 있는지 의문이다. 이송 도중 도주가 문제된다면 이송 중에는 재소자용 의류를 입도록 하고 법정에서만 사복을 입도록 할 수도 있고, 도주 우려가 크거나 특히 부적당한 사유가 있는 경우에 한하여 예외적으로 사복착용을 제한하는 등 기본권을 덜 제한하는 다른 수단이 얼마든지 가능하다. 재소자용 의류의 착용으로 인하여 소송관계자들에게 부정적 인상을 주거나, 수형자가 수치심, 모욕감을 갖고 그로 인하여 소송 수행에 있어 위축감을 느끼며 어려움을 겪는 것은 형사재판인지 민사재판인지에 따라 달라지는 것이 아니다. 따라서 심판대상조항이 아무런 예외 없이 민사재판에 당사자로 출석하는 수형자의 사복착용을 불허하는 것은 청구인의 인격권과 행복추구권을 침해하므로 위헌이다.

(3) 평석

우리 사회에서 수형자는 기본권의 사각지대에 머물러 있었다. 그런데 수형자와 변호사와의 접견내용을 녹음, 녹화하는 것에 대한 위헌 확인 결정,[28] 수형자에 대하여 전면적·획일적으로 선거권을 제한한 공직선거법에 대한 헌법불합치 결정[29] 등 헌재의 일련의 결정에 의하여 수형자의 기본권이 획기적으로 개선되고 있다. 헌재는 올해도 이 결정을 비롯하여 수형자와 소송대리인인 변호사의 접견을 일반 접견에 포함시켜 시간과 횟수를 제한한 형의 집행 및 수용자의 처우에 관한 법률 시행령에 대한 헌법불합치 결정,[30] 수용자의 즉시항고 제기기간을 3일로 한 인신보호법에 대한 위헌 결정[31] 등 수형자의 기본권 보호를 위한 결정을 계속하고 있다. 헌재의 핵심

---

28) 헌재 2013. 9. 26. 2011헌마398

29) 헌재 2014. 1. 28. 2012헌마409 등.

30) 헌재 2015. 11. 26. 2012헌마858.

31) 헌재 2015. 9. 24. 2013헌가21.

기능 중 하나인 기본권 보호 기능을 고려할 때 환영할만한 일이다. 다만, 민사재판에 당사자로 출석하는 수형자에 대하여 사복착용을 불허하는 것에 대하여 다른 대안이 있는데도 불구하고 그에 대한 충분한 고려없이 합헌이라고 결정한 것 아쉬움이 남는다. 앞으로 전향적인 결정을 기대한다.

9. 근로기준법 제35조 제3호 위헌 결정[32)]

(1) 사건의 내용 및 쟁점

청구인은 갑이 운영하는 학원에서 2009. 5. 21.부터 영어강사로 근무하던 중 2009. 7. 6. 예고 없이 해고되었다. 청구인은 갑을 상대로 해고예고수당의 지급을 구하는 소송을 제기하였으나 패소하였고, 항소한 뒤 “월급근로자로서 6개월이 되지 못한 자”를 해고예고제도의 적용예외 사유로 규정하고 있는 근로기준법 제35조 제3호에 대한 위헌법률심판제청을 신청하였다. 그러나 2013. 9. 25. 청구인의 항소 및 신청이 모두 기각되자, 청구인은 2014. 1. 2. 이 사건 헌법소원심판을 청구하였다. 심판대상조항이 근로의 권리와 평등원칙에 위배되는지가 핵심 쟁점이다.

(2) 결정요지

해고예고제도는 근로조건의 핵심적 부분인 해고와 관련된 사항일 뿐만 아니라, 근로자가 갑자기 직장을 잃어 생활이 곤란해지는 것을 막는 데 목적이 있으므로 근로자의 인간 존엄성을 보장하기 위한 최소한의 근로조건으로서 근로의 권리의 내용에 포함된다. 해고예고제도의 입법 취지와 근로기준법 제26조 단서에서 규정하고 있는 해고예고 적용배제사유를 종합하여 보면, 원칙적으로 해고예고 적용배제사유로 허용될 수 있는 경우는 근로계약의 성질상 근로관계 계속에 대한 근로자의 기대가능성이 적은 경우로 한정되어야

32) 헌재 2015. 12. 23. 2014헌바3.

한다.

"월급근로자로서 6월이 되지 못한 자"는 대체로 기간의 정함이 없는 근로계약을 한 자들로서 근로관계의 계속성에 대한 기대가 크다고 할 것이므로, 이들에 대한 해고 역시 예기치 못한 돌발적 해고에 해당한다. 따라서 6개월 미만 근무한 월급근로자 또한 전직을 위한 시간적 여유를 갖거나 실직으로 인한 경제적 곤란으로부터 보호받아야 할 필요성이 있다. 그럼에도 불구하고 합리적 이유 없이 "월급근로자로서 6개월이 되지 못한자"를 해고예고제도의 적용대상에서 제외한 이 사건 법률조항은 근무기간이 6개월 미만인 월급근로자의 근로의 권리를 침해하고, 평등원칙에도 위배된다.

(3) 평석

헌재는 심판대상조항과 실질적으로 동일한 내용을 규정한 구 근로기준법 제35조 제3호가 헌법에 위반되지 아니한다고 판시하였던 종전의 선례[33]를 변경하였다. 헌재는 종래 결정에서 월급근로자로서 6월이 되지 못한 자를 해고예고제도의 적용에서 배제시키고 있는 것은 평등원칙에 위배되지 않는다고 하여 평등권의 관점에서 판단하였으나, 이 사건에서는 근로의 권리의 제한 여부를 중심으로 판단하고 있다.

근로기준법의 해고예고제도는 근로조건의 핵심인 해고와 관련된 사항으로, 근로자가 갑자기 직장을 잃어 생활이 곤란해지는 것을 막는 데 목적이 있다. 근로관계 종료 전 사용자가 근로자에게 해고예고를 하도록 하는 것은 근로자의 인간 존엄성을 보장하기 위한 최소한의 근로조건 가운데 하나이므로 헌재는 해고예고에 관한 권리는 근로의 권리의 내용에 포함된다고 판단하였다. 그리고 이 조항은 헌법상 허용되는 입법자의 재량 범위를 현저히 벗어나 합리적 이유 없이 "월급근로자로서 6개월이 되지 못한 자"를 해고예고제도의 적용에서 제외하고 있어 근로의 권리를 침해한다고 판단하였다. 더불어 심판대상조항이 근무기간 6개월 미만인 월급근로자를 근무기간 6개월

---

33) 헌재 2001. 7. 19. 99헌마663.

이상인 월급근로자나 월급제 이외의 형태로 보수를 받는 근로자와 합리적 근거 없이 차별하는 것은 헌법 제11조의 평등원칙에도 위반된다고 판단하였다. 국민의 근로의 권리를 더욱 두텁게 보호한 바람직한 결정이다.

10. 국가인권위원회의 진정사건 각하결정에 대한 취소 각하 결정[34)]

(1) 사건의 내용 및 쟁점

청구인은 2010. 8. 2. 등 3차례에 걸쳐 ○○시 교육감 등을 피진정인으로 하여 사립학교에서 이루어지는 종교교육과 학생의 생활을 지도·통제하는 학교생활규정 및 생활벌점제가 학생의 자유를 지나치게 침해한다면서 국가인권위원회(이하 '인권위'로 줄이기도 함)에 그 시정을 구하는 진정을 제기하였으나, 국가인권위원회가 2012. 11. 12. 사립학교에서 일어난 인권침해 행위는 개정 「국가인권위원회법」(이하 '인권위법'으로 줄이기도 함)이 시행된 2012. 3. 21. 이후 발생한 것부터 피청구인이 조사할 수 있다는 이유로 이를 각하(국가인권위원회 10-진정-0478700, 10-진정-0693900, 11-진정-0124500)하자, 위 결정의 취소를 구하는 이 사건 헌법소원심판을 청구하였다. 이 사건에서는 행정심판이나 행정소송 등의 사전구제절차를 거치지 아니하고 청구한 국가인권위원회의 진정에 대한 각하 또는 기각결정의 취소를 구하는 헌법소원심판이 보충성 요건을 충족하는지 여부가 핵심 쟁점이다.

(2) 결정요지

1) 국가인권위원회는 법률상의 독립된 국가기관이고, 피해자인 진정인에게는 국가인권위원회법이 정하고 있는 구제조치를 신청할 법률상 신청권이 있는데 국가인권위원회가 진정을 각하 및 기각결정을 할 경우 피해자인 진

34) 헌재 2015.3.26. 2013헌마214 등.

정인으로서는 자신의 인격권 등을 침해하는 인권침해 또는 차별행위 등이 시정되고 그에 따른 구제조치를 받을 권리를 박탈당하게 되므로, 진정에 대한 국가인권위원회의 각하 및 기각결정은 피해자인 진정인의 권리행사에 중대한 지장을 초래하는 것으로서 항고소송의 대상이 되는 행정처분에 해당하므로, 그에 대한 다툼은 우선 행정심판이나 행정소송에 의하여야 할 것이다. 따라서 이 사건 심판청구는 행정심판이나 행정소송 등의 사전 구제절차를 모두 거친 후 청구된 것이 아니므로 보충성 요건을 충족하지 못하였다.

2) 헌재는 종전 결정에서 국가인권위원회의 진정 각하 또는 기각결정에 대해 보충성 요건을 충족하였다고 보고 본안판단은 한 바 있으나, 이 결정의 견해와 저촉되는 부분은 변경한다.

(3) 평석

과거 헌재는 국가인권위원회의 진정 각하·기각결정에 대해 보충성 요건을 충족하였다고 보고 본안판단을 하여 왔다.[35] 인권위는 독립된 국가기관으로서 공권력을 행사하는 주체에 해당하기 때문에 인권위의 결정은 공권력의 행사인데, 인권위법은 인권위의 진정 각하·기각 결정에 대하여 불복수단을 마련하지 않고, 법원은 그 행정처분성을 인정하지 않는 경향이어서 국민 권리 보호의 사각지대가 생기기 때문이었다.[36] 그런데 최근 법원 판례의 경향에 변화가 있었다. 인권위의 진정 각하·기각결정은 법률상 신청권이 있는 피해자인 진정인의 권리행사에 중대한 지장을 초래하는 것으로서 항고소송의 대상이 되는 행정처분에 해당하므로 이를 행정심판이나 행정소송에 의해 다툴 수 있다는 것이다.[37]

---

35) 헌재 2009.9.24. 2009헌마63; 헌재 2010.12.28. 2010헌마101; 헌재 2011.3.31. 2010헌마13; 헌재 2012.7.26. 2011헌마829 등.

36) 헌재 2011.3.31. 2010헌마13.

37) 대법원 2009. 4. 9. 선고 2008두16070 판결; 대법원 2015. 1. 29. 선고 2014두42711 판결 등.

이 결정문을 읽으며 그 논리를 따라가다 보면 이 결정이 타당해 보인다. 그리고 이러한 법원 판례 변화의 원동력은 인권위의 진정 각하·기각 결정에 대하여 보충성의 예외를 인정하였던 기존 헌재 결정이어서 헌재의 순기능도 읽을 수 있다. 그러나 이 결정은 결과적으로 국민의 기본권 보호에 역행하는 결과를 초래할 가능성이 크다. 인권위의 진정 각하·기각 결정을 일반적인 행정처분과 같이 각급법원이 심사하여 이를 뒤집는 것이 당해 진정인의 권리 보호에는 충실할 수 있는 장점이 있으나, 결과적으로 인권위의 기능 저하를 초래하여 다른 국민의 기본권 약화로 이어질 수 있기 때문이다. 사실 이 문제는 인권위의 진정 각하·기각 결정에 대하여 보충성의 예외를 인정하였던 기존 헌재 결정이 있던 단계에서 국회가 나서 인권위의 진정 각하·기각 결정에 대한 적절한 불복수단을 마련하는 내용으로 법률을 개정하여 해결했어야 할 사항이었다. 지금이라도 이와 같은 해결을 기대한다.

Ⅲ. 결론

우리 헌재는 2015년도에도 다양한 헌법적 쟁점에 대하여 판단을 하였다. 그 중에는 국민의 기본권 보장과 국가기관의 구성 및 운영에 큰 영향을 끼치는 결정이 있었다. 특히 올해는 다른 해에 비하여 위헌성 판단이 유난히 많은 한 해였다. 이 글에서 소개한 간통죄 위헌 결정, 주민등록번호 변경을 금지한 주민등록법에 대한 헌법불합치 결정, 정당이 후원회를 통하여 정치자금을 모금할 수 없도록 하는 정치자금법 위헌 결정, 형사재판의 피고인으로 출석하는 수형자에 대하여 사복 착용을 불허하는 형의 집행 및 수용자의 처우에 관한 법률 위헌 결정, 6월이 되지 못한 월급근로자를 해고예고제도 적용에서 배제한 근로기준법에 대한 위헌 결정 등은 그 중에서도 국민의 기본권을 크게 신장한 의미있는 결정으로 기록될 것이다. 지면의 제약으로 이 글에 소개하지 못한 수형자와 소송대리인인 변호사의 접견을 일반 접견에 포함시켜 시간과 횟수를 제한한 형의 집행 및 수용자의 처우에 관한 법률 시행령에 대한 헌법불합치 결정, 수용자의 즉시항고 제기기간을 3일로 한 인신보호법에 대한 위헌 결정 등 일련의 위헌 결정도 마찬가지다. 한편, 선거운동기간 중 인터넷 실명제를 규정한 공직선거법에 대한 합헌 결정, 민사재판에 당사자로 출석하는 수형자에 대하여 사복착용을 불허하는 것에 대한 합헌 결정 등은 시민의 기본권 보호의 관점에서 아쉬움을 남긴다.

마지막으로 국가인권위원회의 진정 각하·기각결정 취소 헌법소원에 대한 각하 결정, 공유수면에 대한 지방자치단체의 관할구역 결정은 헌재와 법원, 그리고 국회의 기능 분담을 되돌아 보게 하였다. 세 기관은 국민의 기본권 보호하는 목표를 달성하기 위하여 독자적으로 기능하면서도, 때론 서로 견제를, 때론 서로 긴밀한 협력을 하여야 한다. 그런데 큰 그림을 보지 못하고 각자의 입장에서 한 협력은 결과적으로 목표 달성에 저해가 될 수 있다. 국민의 기본권 보호라는 목표를 달성하기 위하여 좀 더 꼼꼼하고 세심한 기능 분담과 협력이 필요하다.

[Abstract]

A Critical Summary of Leading Constitutional Decisions in 2015

Pilwoon Jung*, Jaehyun Cho**

The Constitutional Court of the Republic of Korea newly accepted 1,859 cases in 2015. Among total 2,683 cases including the pending 824 cases handed over from 2014, 1,937 cases was settled. In the settled cases, the Court decided 47 cases to be unconstitutional, 15 cases to be unconformable to constitution, 48 cases to be annulled, 176 cases to be constitutional, 203

* Professor, Korea National University of Education, Ph.D in Law

** Professor, Dong-a University, Ph.D in Law

cases to be rejected, 1,421 cases to be dismissed, 26 cases to be withdrawn. 746 cases remained pending.

The Constitutional Court drew lines on many a wide range of issues in 2015. This article summarizes 10 leading decisions made by the Constitutional Court in 2015. Among them, there are decisions that affect basic rights, structures and operation of state agencies. Above all, a decision incompatible with the Constitution on Article 241 Clause 1 of Criminal Act, on Article 7 Clause 3 of Resident Registration Act, on Article 45 Clause 1 of Political Funds Act, Article 82 of Administration and Treatment of Correctional Institution Inmates Act, on Article 35 of Labor Standards Act, will be recorded as a landmark decision.

[Keywords]
constitutional litigation, Constitutional Court of the Republic of Korea, constitutional adjudication, judicial review, constitutional appeal adjudication

Discussions on the Direct Democracy's Strengths and Weaknesses in legalistic aspects in the U.S.

Eun Jung Yoo*

Ⅰ. Introduction

One can define the positive and negative characteristics of direct democracy devices depending on whether the person emphasizes "participation, open access, and political equality," or "compromise, continuity, and consensus."[1)] A direct democracy system tends to further the former while a representative democracy system tries to achieve the latter. A direct democracy system pursues different

* Associate Professor at the College of Law, Sookmyung Women's University

** This article is excerpted and revised from the author's S.J.D. dissertation, THE PROGRESS OF CITIZEN INITIATIVE AND REFERENDUM IN THE AMERICAN STATE AND LOCAL GOVERNMENTS 1890s – TO THE PRESENT, UNIVERSITY OF WISCONSIN LAW SCHOOL, 2009.

1) PHILIP L. DUBOIS & FLOYD FEENEY, LAW-MAKING BY INITIATIVE 8 (1998); DAVID G. MAGLEBY, DIRECT LEGISLATION 181 (1984).

purposes than a representative democracy system. Thus, one might argue that the discussion of the strengths and weaknesses of a direct democracy system is meaningless because they are merely "in the eyes of the beholder." This discussion is not pointless, however, because neither set of the above values should be disregarded. Understanding the pros and cons of direct democracy would ultimately help us find a balance between the two and ways to accommodate all the values in the current mixed form of government.[2] Besides this article will focus on the legalistic aspects of pros and cons direct democracy in U.S., because policy arguments for and against it have been discussed in detail not only in the study of law but also in other academia. Moreover the U.S. constitution is similar with Korean constitution in that both of them established representative system of government and the U.S. constitution can be stated even more hostile or indifferent to direct democracy measure as it is perfectly silent about direct democracy while Korean constitution provides national referendum in Art. 72.[3] Thus studying on the legalistic aspects of pros and cons direct democracy would give an insight on our discussion on direct democracy in legal aspects as well.

---

2) It is a basically representative system with some variation of direct democracy devices.

3) Korea Constitution, Art. 72: "The President may submit important policies relating to diplomacy, national defense, unification and other matters relating to the national destiny to a national referendum if he deems it necessary."

Ⅱ. Defining the Terms for the Devices of Direct Democracy

The initiative, referendum, and recall – three devices of direct democracy – are based on the "collection of a sufficient number of signatures on petitions directed at state or local legislative bodies."[4] Generally, "initiative" is the people's right to "directly initiate legislation or constitutional amendment."[5] The referendum is the people's right to vote upon legislation by the legislature, to ratify or reject them.[6] "The Initiative is a condition precedent to the Referendum; the Referendum has been described as a condition precedent to the taking effect of law."[7] The initiative is a system by which a certain percentage of voters may initiate a law and achieve its adoption by approval through a popular vote.[8] The referendum is the process through which a certain percentage of voters can ask the legislature to submit a particular law for the approval or rejection of the electorate,[9] or a system whereby the legislative body itself may

---

4) THOMAS GOEBEL, GOVERNMENT BY THE PEOPLE: DIRECT DEMOCRACY IN AMERICA,1890-19403(2002).

5) EDWIN M. BACON & MORRILL WYMAN, DIRECT ELECTIONS AND LAW-MAKING BY POPULAR VOTE 1 (1912).

6) *Id.* at 1.

7) ELLIS PAXSON OBERHOLTZER, THE REFERENDUM IN AMERICA TOGETHER WITH SOME CHAPTERS ON THE INITIATIVE AND THE RECALL [hereinafter REFERENDUM II] 369 (Da Capo Press, 1971) (1911), cited in BACON & WYMAN, *supra* note 5, 1: Referendum can challenge the established law which has been "effective" to "repeal it by the sufficient votes."

8) *Id.* at 2.

9) This kind of device is called popular referendum, but often just confusingly called a referendum: "those states and localities which have the popular referendum allow citizens to circulate petitions calling for a vote of the people on legislation already passed by the legislature"*See* PATRICK B. MCGUIGAN, POLITICS OF DIRECT

submit a certain act to the electorate for ratification.[10] In reality, the two devices – initiative and referendum – are often employed in mixed forms today.[11]

The word referendum means, simply, a vote of the people.[12] "Any yes/no vote of the people" can be called a referendum.[13] In addition, referenda are "those ballot questions which come to the ballot as the result of legislative action, constitutional edict, or some mandate of state government."[14] Such proposals can be "constitutional amendments, statutes, bonds, advisory questions, or other sorts of issues."[15]

In the early history of this country, the referendum was employed in almost every state of this country. In fact, the form of direct democracy employed by most countries except Switzerland and some states of America is referendum (or plebiscite[16]) on the ballot propositions by the government.[17] Such proposals can be "constitutional amendments, statutes, bonds, advisory questions, or other sorts of issues."[18]

DEMOCRACY IN THE 1980s 26 (1985).

10) BACON & WYMAN, *supra* note 5, at 2.

11) *Id.*

12) MCGUIGAN, *supra* note 9, at 25.

13) *Id.*

14) *Id.* at 26.

15) *Id.*

16) For detail, *see* MAIJA SETALA, REFERENDUMS AND DEMOCRATIC GOVERNMENT 3-4 (1999). Also *see* J. W. SULLIVAN, DIRECT LEGISLATION BY THE CITIZENSHIP THROUGH THE INITIATIVE AND REFERENDUM 29 (NewYork, True Nationalist Pub.Co.,1893)(citation omitted).

17) Maimon Schwarzschild, *Popular Initiatives and American Federalism, or, Putting Direct Democracy in its Place*, 13 J. CONTEMP. LEGAL ISSUES 531, 534 (2004). Also *see* Bruno S. Frey & Alois Stutzer, *Direct Democracy: Designing a Living Constitution* 6 (September 17, 2003), ZURICHIEERWORKING PAPER NO. 167, available at SSRN: http://ssrn.com/abstract=452081 or DOI: 10.2139/ssrn.452081 (citation omitted).

The recall belongs to a completely different order. It is regarded as the compliment of representative democracy,[19] but it is also considered an extreme device of direct democracy[20] because this process of recall means "recalling a public officer from office prior to expiration of the stipulated term of office."[21] It is not about people's direct participation in governmental functions, but rather about "the guaranteed right of the people to discharge their public servants when these public servants cease to be satisfactory to them."[22]

Ⅲ. Legalistic Arguments against direct democracy

1. The U.S. Constitution commands a republican form of government

Direct democracy might be unconstitutional because it violates the guarantee of a republican form of government, even though the Guarantee Clause[23] in the Federal Constitution is nonjusticiable according to the U.S. Supreme Court decision in 1912.[24] Direct

---

18) *Id.*

19) Recall is different from impeachment in that impeachment "usually requires that the official commit a named crime" and recall is "silent as to the reasons why citizens may throw their representative out of office": Nathaniel A. Persily, *The Peculiar Geography of Direct Democracy: Why The Initiative, Referendum and Recall developed in the American West*, 2 MICH. L. & POL'Y REV. 11, 14 (1997).

20) *Id.* at 14.

21) Joseph F. Zimmerman, RECALL 1 (1997).

22) DELOS F.WILCOX, GOVERNMENT BY ALL THE PEOPLE OR THE INITIATIVE, THE REFERENDUM AND THE RECALL AS INSTRUMENTS OF DEMOCRACY 169 (1912).

23) *See* U.S.CONST. art. IV, § 4.

democracy opponents argue that a republican form of government means representative democracy as opposed to direct participation of the people in government. Though the U.S. Supreme Court dismissed this question as a nonjusticiable political question, it is not a waste of time to follow the arguments of direct democracy's opponents about what the Guarantee Clause means.

In this case, the opponents of direct democracy first differentiate[25] the word "republic" from "democracy" as follows:[26]

> [T]he framers of the Constitution recognized the distinction between the republican and democratic form of government, and carefully avoided the latter. ... Fourth, the form of state government perpetuated by the Constitution was the republican form, with the three departments of government, in force in all the states at the time of the adoption of the Constitution. ... Sixth, Initiative legislation is invalid because government by the people directly is inconsistent with our form of government. Seventh, the well-known practices of (a) adopting state Constitutions by popular vote, and of (b) local legislation in 'town meetings,' furnish no precedent for the lodgment of legislative power in the ballot box.

---

24) Pac. States Tel. & Tel. Co. v. Oregon, 223 U.S. 118, 150-51 (1912) (dismissing the suit regarding constitutionality of ballot initiative as nonjusticiable political question).

25) Madison showed a big change of "linguistic practice between the time of the Revolution and the late 1780s." ." "At first, the terms democracy and republic were often used interchangeably, as a form of governance based on the will of the people. Confronted with the social turmoil of the 1780s, a number of Founding Fathers then began to use the term republic to denote a popular government with checks and balances to protect minorities. They were well aware of the dangers of democracy, they abhorred such a form of government": *see* GOEBEL, at 50-53.

26) Pac. States Tel & Tel. Co., 223 U.S.118, 138, FN††: Though these arguments were made before 1912, they still make sense as historical objections against direct democracy.

Secondly, the opponents of direct democracy (in this case, those opposing initiative) asserted that "[t]he Federal Constitution presupposes in each state the maintenance of a republican form of government and the existence of state legislatures."[27] This means that "Representative assemblies have the power to make the laws; and that in each state the powers of government will be divided into three departments: a legislature, an executive, and a judiciary."[28] Thus, they concluded that the use of the initiative method will destroy the legislature.[29] Plaintiffs of Pac. States Tel & Tel. Co. (opponents of initiative) contended as following:

> [T]he case comes to the single issue whether the enforcement

---

27) *Id.* at 139.

28) *Id.*

29) *Id.* and for detail, *see* the following arguments made by opponents of initiative in the same case.

> 1. State Legislatures are a vital feature of our government; the Federal Constitution presupposes their existence, and imposes on each state the obligation to maintain them.
>
> 2. The division of powers of the three departments in each of the states is a prerequisite to the national government.
>
> 3. It is evident under the Constitution the state legislatures are the agency to carry on the relations between the nation and the states.
>
> 4. The word 'legislature' in the Constitution means a representative assembly consisting of two houses, empowered to make the law. Such was its meaning at the time of the adoption of the Constitution.
>
> 5. Contemporaneous legislation by Congress sheds some light on the meaning of the term 'legislature,' as used in the Constitution.
>
> 6. The initiative destroys the legislative assemblies or legislatures which it is the implied obligation of each state to maintain, for a legislature must be the law-making power.
>
> 7. The initiative overthrows one of the greatest safeguards against the abuse of the power of legislation, to wit: the system of a dual legislative assembly.

Id. at 138, FN§ (citation omitted).

of that provision, because of its political character, is exclusively committed to Congress, or is judicial in its character. ....The two subdivisions made of that proposition, the first, that 'the guaranty in question is to the people of the states and to each citizen, as well as to the states as political entities,' and the second asserting, '§ 4 of article 4 therefore prohibits the majority in any state from adopting an unrepublican Constitution,' are the basic propositions upon which all the others rest. ... This conclusion is certain, as they all but point out the various modes by which the adoption of the initiative and referendum incapacitated the state from performing the duties [being a republican form of government] incumbent upon it as a member of the Union, or its obligations towards its citizens, thus causing the state to cease to be a government republican in form, within the intendment of the constitutional provision relied upon.30)

2. The U.S. Constitution commands the representative democracy

Opponents of direct democracy contend that the Founding Fathers preferred the form of representative government to direct democracy.31) They chose representative government as a form of federal government

---

30) Id. at 140-141. And the Court dismissed the case, determining that this question is political and governmental, and belongs to the scope of Congressional power, and not within the scope of judicial power, so the Court lacks jurisdiction in this case. See Id. at151.

31) Marci A. Hamilton, *Perspective on Direct Democracy: The people: The least Accountable Branch* (hereinafter, *Perspective on direct democracy*) 4 U. CHI. L. SCH. ROUNDTABLE 1, at 3 et seq. (1997). (arguing that the Framers chose representative democracy and rejected direct democracy.)

because they believed that only representative government could protect the rights of minorities from the "tyranny of the majority."[32]

First of all, when the Founding Fathers met in Philadelphia for the first Constitutional Convention, they disobeyed the mandate of their states which asked the delegates to the Convention to submit their work to their own states. They also held the meeting in secret behind closed doors and did not counsel the people or require the delegates to refer this Constitution to the people of their states for approval.[33] Most importantly, the U.S. Constitution and its amendments were never submitted to the people for ratification.

Moreover, the U.S. Constitution itself introduced indirect, i.e. representative, democracy, opposing a direct democracy. This argument is supported by the fact that the Constitution describes "how the people elect legislators who, along with an elected President, make the laws" without any indication of direct legislation by the people.[34] Moreover, Article 1, Section 1 of the U.S. Constitution clearly prescribes, , "All legislative powers herein granted shall be vested in a Congress of the United States, which shall consist of a Senate and House of Representatives."[35]

The U.S. Constitution art.1, sec.2, and the 14th Amendment also clearly says, "Representatives ... shall be apportioned among the several states ... according to their respective numbers," but in the Art. 1, sec.

---

32) Dina E.Conlin, Note, *The Ballot Initiative in Massachusetts:The Fallacy of Direct Democracy*, 37 SUFFOLK U. L. REV. 1087, 1089 (2004).

33) When the convention was over, and the work of the convention was revealed, the people in the state were angry at it, and finally they asked the constitution to include Bill of Rights.

34) Alan Hirsch, *Direct Democracy and Civic Maturation*, 29 HASTINGS CONST. L.Q. 185, 187 (2002).

35) U.S. CONST. art. I, § 1.

3, it expresses its opposition to majority rule as well as the character of representative democracy through both the composition and the election of senate: “The Senate of the United States shall be composed of two Senators from each state, chosen by the legislature thereof, ... and each Senator shall have one vote,” even though later the 17th Amendment required the Senator also to be elected by the people themselves in each state. Furthermore, the framers decided the President should be indirectly elected[36)] by the “Electoral College: independent electors, beholden to no one, not even the people, in choosing the president.”[37)] Finally, the federal judiciary and executive officials, such as the “members of the cabinet and the federal bureaucracy in general,” are not elected but appointed.[38)]

Ironically, in the Preamble of the Constitution, the expression “We the people ... do ordain and establish this Constitution for the United States of America” can be understood to mean only the people who were the delegates to the Philadelphia convention, not all the people in the Union.

In addition, while the Constitution concentrated on the structure of federal government, it ensured the structure of state government in Article IV, Section 4 saying the U.S “shall guarantee to every State in this Union a Republican form of government.”[39)] Thus, the Founding Fathers intended the same representative form of government at the state level as at the federal level.[40)]

---

36) U.S.C.A. CONST. art. II, § 1

37) Daniel M. Warner, Direct Democracy: The Right of the People to Make Fools of Themselves; The Use and Abuse of Initiative and Referendum, A Local Government Perspective, 19 SEATTLE U. L. REV. 47, 51. The Electoral College has since changed: people in fact choose electors when they vote for President.

38) See U.S.C.A. CONST. art. II, § 2.

39) Hirsch, supra note 34, at 187.

40) Id.

The amendment process of the Federal Constitution is made very difficult by demanding "ample involvement and support from elected officials" and not through the people's direct participation.[41] Therefore, it is not difficult to find out that "the Constitution itself is distanced from direct democracy."[42] It ensures that "no single section of the country can foist an amendment on another unwilling section."[43] Moreover, one of the most influential Founding Fathers, James Madison, in the Federalist No. 10, argued the merits of representative government over pure democracy, writing:[44]

> The two great points of difference between a democracy and a republic are: first, the delegation of the government in the latter, to a small number of citizens elected by the rest; secondly, the greater number of citizens and greater sphere of country over which the latter may be extended. The effect of the first difference is, on the one hand, to refine and enlarge the public views, by passing them through the medium of a chosen body of citizens, whose wisdom may best discern the true interest of their country, and whose patriotism and love of justice will be least likely to sacrifice it to temporary or partial considerations. Under such a regulation, it may well happen that the public voice, pronounced by the representatives of the people, will be more consonant to the public good than if pronounced by the people

---

41) Id. Also, see U.S. CONST. art. V.

42) Id.

43) See DANIEL J. ELAZAR, EXPLORING FEDERALISM (1987); cited by H. Bailey Thomson, The Politics of State Constitutional Reform, in STATE CONSTITUTIONS FOR THE TWENTY-FIRST CENTURY, Vol. 1 13-14, n. 2 (ALAN TARR & ROBERT F. WILLIAMS ed., 2006).

44) The FEDERALIST NO. 10, at 20-21 (Roy P. Fairfield ed., 1966).

themselves, convened for that purpose.[45]

A rejection of direct democracy by the Founding Fathers was not because it was impractical, but because it was a poor decision-making process:[46] “Federalists, who shared the view of representatives as refiners of public opinion, proposed constitutional procedures that would grant representatives discretion to depart from the views of the electorate.” This position is most clear in Madison’s statement that the effect of a republic, as opposed to a democracy, was “to refine and enlarge the public views by passing them through the medium of a chosen body of citizens, whose wisdom may best discern the true interest of their country and whose patriotism and love of justice will be least likely to sacrifice it to temporary or partial consideration.”[47]

3. Precedents set by other countries prove that government, the object of control itself abuses the direct democracy system

The histories of other countries tell us that direct democracy is a tool of tyranny to deceive people, reminding us of Napoleonic plebiscites. Napoleon employed the methods of direct democracy to give the superficial appearance of popular participation in making and changing fundamental law.[48] The “referendum” reminds the people of

---

45) Conlin, supra note 32, at 1090.

46) Clayton P. Gillette, Is Direct Democracy Anti-Democratic? 34 WILLAMETTE L. REV. 609, 617 (1998).

47) The FEDERALIST NOS. 10, 82 (James Madison) (Clinton Rossiter ed., 1961); Gillette, id. at 617.

48) CHARLES SUMNER LOBINGIER, THE PEOPLE’S LAW OR POPULAR PARTICIPATION IN LAW-MAKING 371-373 (Gaunt reprint 2001) (1909):

France of the distorted system of popular ratification in the Napoleonic Empire.[49] Nazi Germany also employed the referendum as a tool to manipulate the people.[50]

Ⅳ. Legalistic Arguments for Direct Democracy

1. Most important historical documents support direct democracy

The U.S. Constitution, the Declaration of Independence, and the Mayflower Compact themselves prove that the ancestors of this country intended, through a series of milestone events, to react against absolute government or dictatorship like a monarchy (against the King of England and the kings of the other countries in the continent of Europe), to limit the government's power, and to establish the government of the people declaring independence from monarchy and colonial status. Those fundamental documents are evidence of the government of the people, the sovereignty of the people.

Instead of voting in primary assemblies as before, the elector was now required to sign a public register at the cantonal capital, at the same time announcing his vote. It was evidently understood that this was a device of absolutism to prevent a fair expression by the people. When the Constitution of the year VIII was submitted to the acceptance of the French people, only about fifteen hundred votes were cast against it, while three million were recorded in its favor. In addition, in the momentous change by which France passed from republic to empire, the people were not consulted.

49) Schwarzschild, at 534-535.

50) Id.

2. Argument against the Guarantee Clause that republican form of government means only representative government

As previously stated, the Supreme Court dismissed the case about the meaning of the Guarantee Clause, declining to clarify whether direct democracy violates that clause in the Federal Constitution, stating that it is a nonjusticiable political question and thus belongs to the area of Congressional power. However, even before that decision, the U.S. Supreme Court was unwilling to engage in this discussion. In 1874, Chief Justice Waite in Minor v. Happersett, said "No particular government is designated as republican, neither is the exact form to be guaranteed, in any manner especially designated."[51] He said in the same case:

> The guarantee necessarily implies a duty on the part of the states themselves to provide such a government. All the States had governments when the Constitution was adopted. In all the people participated to some extent through their representatives elected in the manner specially provided. These governments the Constitution did not change. They were precisely as they were, and it is therefore to be presumed that they were such as it was the duty of the States to provide. Thus we have unmistakably evidence of what was republican in form within the meaning of that term as employed in the Constitution.[52]

51) Minor v. Happersett, 21 Wall 162, 88 U.S. 162, 175 (1874).
52) Id. at 176.

And in Kadderly v. the City of Portland,[53)] in 1903, the Oregon Supreme Court held that "initiative and referendum in combination with a legislature is a republican form of government."[54)] In the Kiernan v. Portland et al.,[55)] the same court declared that "responsibility directly to the people constituted the essence of republican government, and that the system of initiative and referendum contributed toward the establishment of such responsibility."[56)] Beard explained about this more clearly as following:

> Monarchial rulers refuse to recognize their accountability to the people governed by them. In a republic the converse is the rule. ... From this it follows that each republic may differ in its political system or in the political machinery by which it moves, but, so long as the ultimate control of its officials and affairs of state remain in its citizens, it will in the eye of all republics, be recognized as a government of that class.[57)]

Nevertheless, opponents of direct democracy still argue that a republican form of government means representative democracy based on Madison's argument: "[a] republic, by which I mean a government in which the scheme of representation takes place, opens a different prospect, and promises the cure for which we are seeking ... [A] great

53) Kadderly v. the City of Portland, 44 Or. 118, 74 P. 710 (1903): "The initiative and the referendum do not abolish or destroy a republican form of government or establish another in its place."

54) REFERENDUM NEWS, Sep. 1906, at 59.(G.H. Shibley ed., Washington D.C., The People's Sovereignty League of America, 1905-1906)

55) 112 P. 402, 57 Or. 454 (1910).

56) CHARLES A. BEARD & BIRL E. SHULTZ, DOCUMENTS ON THE STATEWIDE INITIATIVE, REFERENDUM AND RECALL 31 (1912).

57) Id.

point of difference between a democracy and a republic [is] the delegation of the government, in the latter, to a small number of citizens elected by the rest."[58)]

Madison, however, was not talking about the meaning of Article IV, Section IV in this context. He also compared "republic" with aristocracy and monarchy, but not with democracy.[59)] Indeed, Alexander Hamilton and other Framers unambiguously treated republican government as equivalent with government of the people.[60)] Justice Wilson, who was the signer of both the federal Constitution, and the Declaration of Independence, said in his opinion:

> As a citizen, I know the Government of that State to be republican; and my short definition of such a Government is, - one constructed on this principle, that the Supreme Power resides in the body of the people. As a Judge of this Court, I know, and can decide upon the knowledge, that the citizens of Georgia, when they acted upon the large scale of the Union, as a part of the 'People of the United States,' did not surrender the Supreme or sovereign Power to that State; but, as to the purposes of the Union, retained it to themselves.[61)]

---

58) Hirsch, supra note 34, at 190, citing Madison. And Madison reaffirmed his view in THE FEDERALIST NO. 14, at 100.

59) Id. at 191, citing James Madison, THE FEDERALIST NO. 39, at 240-4. And see THE FEDERALIST NO. 43, at 274. Hirsch wrote, "Perhaps more to the point, in Federalist 39 Madison linked republican government with 'the capacity of mankind for self-government' where government derives 'all its powers' from 'the great body of the people.'" Further, he wrote that "In THE FEDERALIST NO.55, he reiterated that republican government presupposes 'sufficient virtue among men for self-government.'"(citation omitted).

60) For detail, see id.

61) Chisholm v. Georgia, 2 U.S. 419, 456. (1793).

Most references of the Founding Fathers regarding self-government or the supreme power of the people appear to prove their support of a representative system, through which the government of the people is best expressed. Because James Madison, especially held strong opinions against direct democracy, most historians interpret the Guarantee Clause as reflection of his strong view against direct democracy and also assume that other Founding Fathers shared his idea when they put the Guarantee Clause in the Federal Constitution.62) For instance, John Adams, another leading Founding Father, criticized Madison's distinction between a democracy and republic as making no sense because he believed "a democracy is as really a republic as an oak is a tree, or a temple a building."63)

Moreover, "the contest in the Constitutional Convention was between the Republicans and Monarchists."64) Madison, himself, in letter 43 of The Federalist Papers, addressed this idea when he encouraged the people of the state of New York to adopt the new Constitution. As Madison explained the meaning of the Guarantee

---

62) Hirsch, supra note 34, at 192-193 and see Akhil Reed Amar, Ira C. Rothgerber, Jr. Conference On Constitutional Law: Guaranteeing a republican form of government: the central meaning of republican government: popular sovereignty: popular sovereignty, majority rule, and the denominator problem, 65 U. COLO. L. REV. 749, 758 (1994):

> Madison himself, who in THE FEDERALIST NO.10 offered what he labeled a "republican remedy for the diseases most incident to republican government," had earlier described this very same scheme at Philadelphia as "the only defense against the inconveniences of democracy consistent with the democratic form of Government." ... And the political party he co-founded in 1790's began as the Republican Party but later became known as the Democratic Party. (citation omitted)

63) BEARD & SHULTZ, supra note 56, at 27, citing JOHN ADAMS, LIFE AND WORKS, VOL. X, 328 (Charles Francis Adams ed., Boston: Little, Brown and Co., 1856).

64) REFERENDUM NEWS, supra note 71, at 58.

Clause, he said, "In a confederacy founded on republican principles, and composed of republican members, the superintending government ought clearly to possess authority to defend the system against aristocratic or monarchial innovations."[65] Also, in his letter, he said:

> [B]ut the authority of the United States extends no further than to a guaranty of a republican form of government, which supposes a pre-existing government of the form which is to be guaranteed. As long, therefore, as the existing republican forms are continued by the States, they are guaranteed by the Federal Constitution. Whenever the States may choose to substitute other republican forms, they have a right to do so, and to claim the Federal guaranty for the latter. The only restriction imposed on them is, that they shall not exchange republican for anti-republican constitutions; a restriction, which, it is presumed, will hardly be considered as a grievance.[66]

Moreover, Madison himself seemed to change in the process of his political life from a strong supporter and believer in representative democracy in the early republic and legislature, to the defender of the people and the adversary of legislature. He lost his trust in legislature when he came to realize the selfish and emotional nature of the representatives, seeing that after the victory of the Revolutionary War, state legislators renounced toleration of the American Tories who were the enemies of the Revolutionary War.[67] Hirsch said, "For several reasons, one must be careful about enlisting Madison as an opponent

---

65) Id.

66) Id. at 58-59.

67) See e.g., Fairfax's devisee v. Hunter's lessee, 7 Cranch (11 U.S.) 603 (1812).

of direct democracy – even beyond the fact that he appealed to direct democracy to justify adoption of the Constitution."[68]

In 1816, Thomas Jefferson, another important contributor to the Constitution, discussed his view of a republic as follows:

> Indeed, it must be acknowledged that the term 'republic' is of very vague application in every language. ...Were I to assign to this term a precise and definite idea, I would say, purely and simply, it means a government by its citizens in mass, acting directly and not personally, according to rules established by the majority, and that every other government is more or less republican in proportion as it has in its composition more or less of this ingredient of the direct action of citizens.[69]

Finally, "even if 'republican form of government' did indeed refer to a representative government,"[70] the argument of opponents to direct democracy that direct democracy is inconsistent with Article IV, Section IV of U.S. Constitution is not so convincing for several reasons. Congress admitted the states which have direct democracy devices to the Union, and it did not prevent states from employing the direct democracy devices.[71] Also, direct democracy devices, such as

---

68) Hirsch, supra note 34, at 200.

69) BEARD & SHULTZ, supra note 56, at 321-322.

70) Hirsch, supra note 34, at 193; also see, Matthew Spitzer, Perspective on Direct Democracy: Evaluating Direct Democracy: A Response, 4 U. CHI. L. SCH. ROUNDTABLE 37, at 41 (1997): "When we speak of a system of 'direct democracy,' we are actually talking about a mixed system of representation and direct democracy."

71) REFERENDUM NEWS, Sep. 1906, at 58-59:

> The Bill of Rights in the North Carolina constitution of 1776 declared in the Art. XVIII: "The people have a right to assemble together, to consult their

initiative, referendum, and recall, are only a supplement to the representative democracy, not replacing representative government.[72)]

Despite opponents' arguments for the justiciability of the Guarantee Clause in order to nullify direct democracy measures,[73)] current U.S. Supreme Court does not appear to overturn their precedents and even it recognizes the citizens' law-making in several decisions. It is very likely that future courts will continue this position.

3. Even the Federal Constitutional Amendment Process does not in fact reject a citizen's more direct involvement in Federal Constitution-making.

Direct democracy opponents contend that the tough Federal Constitutional amendment process requiring a supermajority vote of government officials[74)] rejects the idea of direct democracy, the citizens'

---

common good, to instruct their representatives, and to apply to the Legislature for redress of grievances. Practically the same statement is in the Massachusetts constitution of 1780. The mixed form of government in use in the states in 1787, namely, partly representative and partly direct, was a republican form of government.

72) Hirsch, supra note 34, at 193; also see Spitzer, supra note 70, at 41: "When we speak of a system of 'direct democracy,' we are actually talking about a mixed system of representation and direct democracy."

73) Id. For example, Julian Eule advocates more rigorous review of direct democracy by the judicial branch "in light of the Guarantee Clause," though how to interpret direct democracy case in light of the Guarantee Clause is not clear. Furthermore, Chemerinsky argues in a more forthright and constitutionally sensible way that the courts should recognize justiciability of the Guarantee Clause.

74) See U.S. CONST. art. V. It set two stages of procedures for the Constitution amendment:

the Congress, whenever two thirds of both Houses shall deem it necessary, shall propose Amendments to this Constitution, or, on the Application of the direct participation in that process. Federal Constitution was not ratified by the people, and neither were its amendments. Accordingly, the difficult process of a Federal Constitutional amendment does not look like it supports direct democracy. However, the people who disliked their expulsion from the constitution-making process demanded and enforced their representatives to include the Bill of Rights in the Constitution.

However, one direct democracy supporter contends that this Clause shows only one means to amend the constitution, and that there is also another way, which is "direct amendment by the people."[75] As supporting grounds, this supporter of direct democracy provides the precedent of the historical process of ratifying the Federal Constitution. When the Federal Constitution was ratified by the states, there was a significant objection raised by opponents because "the Constitution was established in accordance with a process set forth in Article VII (providing for ratification by special conventions of the people), a process which seemingly contravened various state constitutions,"[76] where those states already had their own constitutions with their own constitutional amendment processes in place before the Federal Constitution was ratified. However, the supporters of the Federal Constitution found a way to overcome this objection, stating: "the People are sovereign, and enjoy the inalienable right to change their government."[77] We can find

---

> Legislatures of two thirds of the several States, shall call a Convention for proposing Amendments which, in either Case, shall be valid to all Intents and Purposes, as Part of the Constitution, when ratified by the Legislatures of three-fourths of the several States, or by Conventions in three-fourths thereof, as the one or the other Mode of Ratification may be proposed by the Congress.

See also Hirsch, supra note 34, at 194.

75) Hirsch, id.

76) Id.

77) Id. at 194-195:

similar expressions in the words of the Declaration of Independence and within the various state constitutions and Bills or Declarations of Rights: "we hold these truths to be self-evident ... that whenever any Form of Government becomes destructive of these ends, it is the Right of the People to alter or to abolish it, and to institute new Government."[78]

Accordingly, the ratification of the Federal Constitution was "lawful even in states that did not follow provisions for amendment of their own constitutions;" and the ratification of the Federal Constitution successfully amended the state constitutions because they followed the process of "direct appeal to the people," the "first principle within all the states." [79]

From this logic, the same commentator asserts that the principle which governed the adoption of the Federal Constitution itself is evidence of the possibility of direct amendment of the Federal Constitution by the people.[80] He suggests a plausible answer for the counter argument that his claim will nullify Article V of the Federal Constitution and hold it in vain: "Article V authorizes a mode of amendment that would have been otherwise unavailable[,] [and] absent explicit authority in the Constitution, ordinary organs of government

---

At the Philadelphia Constitutional Convention, a delegate from Maryland cited a provision in Maryland's Constitution which prescribes the state's own amendment, and claimed that "Maryland was not free to pursue any other mode." And James Madison replied that "The difficulty in Maryland was no greater than in other States ... The people were in fact, the fountain of all power, and by resorting to them, all difficulties were got over. They could alter constitutions as they pleased ... First principles might be resorted to. What were these first principles? That the People are sovereign, and enjoy the inalienable right to change their government."(citation omitted)

78) Id. at 195.

79) Id.

80) Id.

(Congress and state legislatures) would not have been permitted to amend the document."[81] Also, he asserts that even though this power is given to the Congress and state legislatures, it does not intend to deprive the people of the inalienable right to amend the Constitution by the people themselves. He finds his justifications from Federalist 78[82] and the Preamble of the Constitution.[83] The Preamble says "We the People of the United States ... do ordain and establish this Constitution." It clearly shows that the sovereignty of this country belongs to the people themselves.

This strong supporter of direct democracy finds that "Article V cannot be taken as evidence that the Framers resisted directed democracy," but rather "the history of the Constitution's adoption, and the text and structure of the document itself, suggest the Framers' intention that the Constitution may be amended by a majority of the People."[84]

Moreover, direct democracy supporters think that because the Constitution is a "living thing, as capable of responding to change and incorporating the progress" of the ages rather than an "unalterable document,"[85] a republican form of government cannot mean one fixed form of government such as representative democracy.

---

81) Id.

82) Id. at 196; see THE FEDERALIST NO. 78, at 469: THE FEDERALIST NO.78 alluded to "that fundamental principle of republican government which admits the right of the people to alter or abolish the established Constitution whenever they find it inconsistent with their happiness."

83) For the detail, see id. at 196-200; see U.S. CONST. pmbl.

84) Id.: "If the People, acting by simple majority in each state, had the authority to ordain and establish the Constitution, how could they lack the authority to alter and abolish that Constitution by the same means?"

85) THOMAS GOEBEL, GOVERNMENT BY THE PEOPLE: DIRECT DEMOCRACY IN AMERICA, 1890-1940 (2002), at 56.

Chief Justice John Marshall stated, in M'Culloch v. Maryland in 1819,[86] that the constitutional provisions are only "great outlines" with "important objects designated"[87] for "enduring for the ages to come" and they "adapt" themselves to "various crises of human affairs."[88] Moreover, Justice Holmes importantly stated:

> [L]ike the Constitution of the United States, we must realize that they have called into life a being the development of which could not have been foreseen completely by the most gifted of its begetters. It was enough for them to realize or to hope that they had created an organism; it has taken a century and has cost their successors much sweat and blood to prove that they created a nation. The case before us must be considered in the light of our whole experience and not merely in that of what was said a hundred years ago.[89]

---

86) M'Culloch v. Maryland, 17 U.S. 316, 406-407 (1819).

87) Id. at 407: "Its nature, therefore, requires, that only its great outlines should be marked, its important objects designated, and the minor ingredients which compose those objects, be deduced from the nature of the objects themselves." "That this idea was entertained by the framers of the American Constitution is not only to be inferred from the nature of the instrument, but from the language."

88) Id. at 415:

> This provision is made in a constitution, intended to endure for ages to come, and consequently, to be adapted to the various crises of human affairs. To have prescribed the means by which government should, in all future time, execute its powers, would have been to change, entirely, the character of the instrument, and give it the properties of a legal code. It would have been an unwise attempt to provide, by immutable rules, for exigencies which, if foreseen at all, must have been seen dimly, and which can be best provided for as they occur.

89) State of Missouri v. Holland, 252 U.S. 416, 433 (1920). Also, see Trop v. Dulles, 356 U.S. 86, 101 (1958): the Chief Justice Warren also said. "The [constitutional] Amendment must draw its meaning from the evolving standards of decency that mark the progress of a maturing society."

4. Argument against the view that the Founding Fathers favored representative government because of incurable defects of direct democracy

All that can unmistakably be said about the framers' intent in writing the Constitution is that they were suspicious of national initiatives.[90] However, we cannot be sure that they also rejected local or even statewide initiative.[91] While some opponents of direct democracy claimed that "the Framers were virtually ignorant of direct democracy,"[92] at that time, the New England town meetings were present and prevailed. Moreover, Rhode Island put a question of ratification of the Constitution to the statewide referendum through town meetings.[93]

The central idea of representation was not only to elect a qualified representative to govern on behalf of the people, but also to provide "the electorate's acknowledgment of the legitimacy of those selected."[94] John Adams maintained that the legislature "should be in miniature an exact portrait of the people at large. It should think, feel, reason, and act like them."[95] This idea of representation also appears in the principle of frequent, regular election.[96]

Though the Founding Fathers chose a representative form instead

---

90) Clayton P. Gillette, Is Direct Democracy Anti-Democratic? 34 WILLAMETTEL.REV. 609, 617 (1998), at 618.

91) Similarly, see id. at 615.

92) Id. at 615-6.

93) Id. at 616.

94) Id. at 616-7.

95) Id. at 617, quoting GORDON S. WOOD, THE CREATION OF THE AMERICAN REPUBLIC 1776-1787, 165 (1969).

96) Id.

of direct democracy for the federal government, it is not because of the superior nature of representative democracy but because of the practical impossibility of introducing direct democracy at the federal level while preserving deliberative government.

Even in the beginning of this country, there was no illusion of perfect representation by the elected representatives of their constituency. Although each member of Congress is supposed to represent numerous people and various interests, it is impossible for him or her to truly represent them all.[97] The founders of this country thus acknowledged the limitations of representative democracy and put great limits on the representatives in the Federal Constitution. One such limit is that each representative should frequently stand for reelection by their constituents.

The Founding Fathers also understood well "the distance between the most popular branch of government and the People."[98] Alexander Hamilton opined that representatives "seem sometimes to fancy that they are the people themselves."[99] James Madison said, "The people ought to indulge all their jealousy and exhaust all their precautions to restrain the enterprising ambition of our representatives."[100] And John Adams clarified the reason for choosing representative democracy, stating: "In a large society, inhabiting an extensive country, it is impossible that the whole should assemble to make laws. The first necessary step, then, is to delegate power."[101] For example, they faced

97) Hirsch, supra note 34, at 187.

98) Id. at 188.

99) Id. citing THE FEDERALIST NO. 71, at 433 (Alexander Hamilton) (Clinton Rossiter ed., 1961).

100) Id. citing The THE FEDERALIST NO. 48, at 309 (James Madison) (Clinton Rossiter ed., 1961)

101) THOMAS E. CRONIN, DIRECT DEMOCRACY: THE POLITICS OF INITIATIVE REFERENDUM AND RECALL, 81 (1989), at 14 (quoting John Adams); Hirsch,

the difficult situation that "the nation was composed of thirteen large and small States jealous of their own rights and powers and suspicious of any central national government and contained only 4,000,000 people spread up and down a thousand miles of Atlantic seaboard barely connected by transportation or communication."[102] Direct democracy was "impractical" even if the framers thought it was commendable; it was physically impossible, rather than theoretically flawed.[103] Traveling from Philadelphia to Boston took one week by a wagon. It was impossible to have any kind of meeting and efficiently collect the ballots, and many ballots would be lost on the way.[104]

The Founding Fathers took deliberative democracy into account and thought that direct democracy, which should allow all voters to vote on policies, "would have meant sacrificing" that idea.[105] James Madison clarified this point, "In a [direct] democracy, the people meet and exercise the government in person .... A democracy consequently, must be confined to a small spot."[106]

Therefore, the Founding Fathers chose a representative form of

---

id. at 188.

102) William C. Kimberling, The Electoral College, available at http://www.fec.gov/pdf/eleccoll.pdf. (8/27/2016).

103) Id.

104) Id.

105) For detail, see Hirsch, at 188-189, citing JAMES FISHKIN, THE VOICE OF THE PEOPLE 26-50 (1995):

> The Framers' attitude about direct democracy is captured by the conflict in Rhode Island over how to ratify the Constitution. Some Rhode Islanders insisted on a referendum open to all eligible voters, but the Federalists' position was that a serious consideration of the issues, where argument could be met by counterargument, required citizens to meet together in preparation for a vote. Because it would be impossible for the entire citizenry to meet together, consideration by a representative body was the only way the proposed new Constitution could receive a thoughtful hearing.(citation omitted)

106) Id. at 189, citing THE FEDERALIST NOS. 14, 100 (James Madison).

government for the federal level in order to guarantee deliberative democracy because deliberative democracy could not be achieved through direct democracy at that time, unlike the modern age. The idea that the Founding Fathers' choice of representative democracy was due to their abhorrence of direct democracy is wrong, rebutted by supporters of direct democracy. The Founding Fathers established representative government at the federal level "because America was too large for anything else."[107] "They guaranteed states a 'republican form of government,' but did not regard this commitment as preventing states from utilizing direct democracy."[108] "While they established a cumbersome means for government officials to amend the Constitution, they recognized that the people themselves retained the right to amend the Constitution directly."[109] "James Madison embraced the right of the people to control their government."[110] "The misgivings he expressed about direct democracy are inconclusive when seen in the context of his larger goals and the developments in contemporary society."[111] This point can be proven with a careful look at Madison's documents on the character of republic.

To be sure, Madison, in Federalist Papers No. 14, repeats his claim that "republics rely on representation in contrast to democracies."[112] However, the evident idea of the Founding Fathers concerning republican

---

107) Id. at 190.

108) Id.

109) Id.

110) Id.

111) Id.

112) Akhil Reed Amar, Ira C. Rothgerber, Jr. Conference On Constitutional Law: Guaranteeing a republican form of government: the central meaning of republican government: popular sovereignty: popular sovereignty, majority rule, and the denominator problem, 65 U. COLO. L. REV. 749, 758 (1994) at 757-58, finding that Madison referred to No. 10 in No. 14.

government is that it can be either "directly democratic or indirectly democratic."[113)]

Madison and other Framers allowed the Federal Constitution to be ratified by the people of their respective states, through a special convention, rather than by the state legislature. This proves that people had not delegated all law-making power to legislature, but rather they reserved some degree of law-making power.[114)] Madison defended this ratification process as follows:

> Should all the states adopt [the Constitution], it will then be a government established by the thirteen states of America, not through the intervention of the legislators, but by the people at large ... . The existing system [i.e., the Articles of Confederation] has been derived from the dependent derivative authority of the

---

113) Amar, id. at 758. Also see, Robert G. Natelson, A Republic, Not a Democracy? Initiative, Referendum, and the Constitution's Guarantee Clause, 80 TEX. L. REV. 807, 835: Founding Fathers are no strangers to the great ancient Greek and contemporary philosophers such as Aristotle, Polybius, Cicero, Livy, Montesquieu and so on. Also see, Natelson, id. at 846-47:

> Aristotle's Politics is a book about constitutions. He distinguished and classified democracies: (1) Democracies governed by boards or by selected citizens chosen by lot (what we call purely representative democracies), (2) democracies in which all citizens gathered together to make laws, elect officials, decide on war and peace, and review official conduct, but delegated other (presumably administrative) functions to officials, (3) democracies similar to the second category, except the law-making function was delegated to elected officials, and (4) democracies in which the people delegated no power whatsoever to officials. Such democracies represented a corruption of the form and were susceptible to demagogues. Hence, they did not honor the rule of law. Aristotle called the fourth, corrupt, class of democracy teleutaia demokratia. We can translate the phrase as "ultimate democracy," "extreme democracy," or more metaphorically, - "pure democracy."

114) Id. at 845.

legislatures of the states; whereas this is derived from the superior power of the people.[115]

In the eighteenth-century environment, justifying representative law-making as republican is more challenging than people's law-making.[116] In fact, even when America became independent from England, representative or parliamentary law-making was "identified more closely with limited monarchies such as Poland and England than with republics."[117] Indeed, Madison used the term "representation," referring not only to law making, but also the executive and judiciary functions of government, in order to repudiate absolute, pure democracy, which is not mediated by agency. In that context, he wrote Federalism No. 63, which is often interpreted as a defense against direct democracy.[118] Madison, "[f]ar from arguing that citizen law-making was excluded from the republican form," indeed tried to persuade people that representative government can be republican.[119] Madison wrote a letter to Thomas Jefferson only a few weeks before Federalist No. 10 was published, and in that letter, he wrote that the republican principle means that the ultimate decision is up to the will of the majority.[120] Almost fifty years later, he reaffirmed that "the vital principle of republican government is …… the will of the majority."[121]

Therefore, the Founding Fathers, including even Madison, rejected pure, absolute democracy, but did not exclude every type of citizens' direct involvement in law-making.

---

115) Id.

116) Id. at 848.

117) Id. at 849.

118) Id.

119) Id. at 850.

120) Amar, supra note 62, at 763.

121) Id.

5. People' s direct legislations, such as initiative and referendum, are already the settled law of this country

This country has many years of experience with this kind of popular law-making principle. Though unnamed, these direct legislation devices have been used "in moderation" since the beginning of this country.[122] "Every State of the Union, in the country, the city, the township and the school-district," has employed, since the Revolution, at least some form of of direct democracy.[123] That is, the states have various instances of popular law making, and the constitution of every state involves some degree of acknowledgment of this principle.[124] In particular, the initiative and referendum, in one form or another, have been adopted for statewide purposes by more than half of the country. It is practically impossible and unwise to remove all inventions and procedures for direct democracy. As Justice Oliver W. Holmes Jr. said, "A mind once stretched by a new idea never goes back to its original dimensions." People will not easily give up their power which they achieved through a long history of struggle.

Since the introduction of these devices by certain states, they have been continuously assailed by various opponents, but the high courts in these states have recognized this law as consistent with both the state constitution and the Federal Constitution. In addition, the U.S. Supreme

---

122) EDWIN M. BACON & MORRILL WYMAN, DIRECT ELECTIONS AND LAW-MAKING BY POPULAR VOTE 1 (1912), at the preface.

123) OBERHOLTZER, THE REFERENDUM IN AMERICA, A DISCUSSION OF LAW-MAKING BY POPULAR VOTE (hereinafter, REFERENDUM I) 9 (Books for Libraries Press, 1970) (1893).

124) OBERHOLTZER, REFERENDUM I 14.

Court has never held that a law made by initiative or referendum is unconstitutional on the ground that people do not have law making power.

In a recent Oregon case,[125] the Oregon Supreme Court denied that "Measure 37[126] intrudes on the plenary power to legislate, and violates separation of powers [by] encroaching on executive power and by improperly delegating legislative power without adequate safeguards."[127] Concerning the plenary power of the state legislature, the Oregon Supreme Court stated:[128]

> In Oregon, the Legislative Assembly and the people, acting through the initiative or referendum processes, share in exercising legislative power.... Respecting the nature of that power, this court previously has explained that 'plenary power in the legislature, for all purposes of civil government, is the rule, and a prohibition to exercise a particular power is an exception. It, therefore, is competent for the legislature to enact any law not forbidden by the constitution or delegated to the federal government or prohibited by the Constitution of the United States.'

It further agreed that "[Oregon's] constitution, like all other state constitutions, is not to be regarded as a grant of power, but rather a

---

125) Macpherson v. Dep't of Admin. Servs, 340 Or. 117, 130 P. 3d 308 (2006)

126) Ballot Measure 37 (2004), codified at Or. Rev. Stat. § 197.352, requires government to either compensate landowners for reductions of real property fair market value due to certain 'land use regulations' or modify, remove, or not apply such regulations.

127) Macpherson , 130 P. 3d at 314.

128) Id.

limitation upon the powers of the legislature [and] [t]he people, in adopting it, committed to the legislature the whole law making power of the state, which they did not expressly or impliedly withhold."[129] However, the Court held that the plaintiff and this court did not find any ground in the constitution "either expressly or impliedly limits the power of the Legislative Assembly or the people, exercising their initiative power, to authorize state or local entities to decide, in accordance with Measure 37, whether to pay just compensation or to modify, remove, or not apply certain land use regulations."[130] The Court decided Measure 37 impairs neither the plenary power of the legislature nor the people's exercise of their initiative power.

Secondly, as the Court previously mentioned, the "plenary" legislative power does not belong solely to the legislature, but also to the people.[131] It also rejected the issue of separation of powers, saying that "Measure 37 delegates legislative authority without providing adequate safeguards against 'arbitrary and deleterious exercise of the power' so delegated,"[132] since this measure provides the procedure "for adequate safeguards against the arbitrary exercise of the delegated power."[133]

6. Precedents in other countries

Many other countries in the world already have some sort of direct democracy devices in their hybrid democracy. Among the European countries, France, Ireland, Belgium, and Turkey had

129) Id.

130) Id. at 315.

131) Id. at 318.

132) Id. at 319.

133) Id.

constitutional referenda in the twentieth century and moreover, other European countries abolished their monarchies by referenda. Modern referenda concerning membership in the European Union were held in Denmark, Britain, Ireland, and France, among others.[134)]

Ⅴ. Conclusion

In addition to the above-stated legalistic arguments for and against direct democracy, there can be a longer list of arguments on both sides. Because not all forms of direct democracy are alike, however, the list of pros and cons of direct democracy cannot be invariably applied to all governments employing a form of initiative and referendum. Also, it should be noted that the system of direct democracy is "by no means a simple, definite, and invariable thing which must be adopted in a stereotyped form."[135)] The devices of direct democracy can be defined generally, but these general principles may function through a variety of special forms and effects. Therefore, no one can peremptorily endorse or reject the initiative and referendum before he or she gains a comprehensive understanding of them on grounds of law as well as policy.[136)]

---

134) Schwarzschild, at 534.

135) BEARD & SHULTZ, at 20.

136) Id. at 22.

[국문초록]

직접민주주의 방안의 긍정적 또는 부정적 평가는 참여, 개방성 그리고 정치적 평등을 강조하는지 혹은 타협, 계속성 그리고 합의를 강조하는지에 따라 달라질 수 있다. 직접민주주의가 전자를 강조한다면, 대의민주주의는 후자를 강조한다. 즉 직접민주주의제도는 대의제와는 다른 목적을 추구하는 것이다. 따라서 혹자는 직접민주주의의 강점과 약점에 대한 토론이 주장하는 사람의 입장에 따라 달라지는 것이기 때문에 의미 없다고 말하기도 한다. 그러나 대의제와 직접 민주제가 추구하는 어떤 목적도 포기할 수 없는 중요한 가치임은 부인할 수 없다. 직접민주주의의 장·단점에 대한 이해는 궁극적으로 대의제와 직접민주제 사이의 균형을 발견하는 것, 그리고 현대의 혼합정부형태 안에서 관련된 모든 가치들을 가능한 한 수용하는 방법을 모색하는데 기여한다. 본 논문은 직접민주주의 방안의 정책적 논의는 법학을 포함한 다양한 학문에서 이미 충분히 다루었다고 보고, 특히 직접민주주의 방안을 절반 가까운 주정부에서 운영하고 있는 미국의 직접민주주의의 법적인 측면에서의 장·단점을 집중적으로 검토한다. 더욱이 미국헌법과 한국 헌법은 양자 모두 대의제형태의 정부를 규정하고 있으며, 한국 헌법이 제72조에서 국민투표를 언급한 것을 제외하고는 한국헌법과 미국헌법이 모두 직접민주적인 방안을 전혀 규정하지 않는 다는 점에서 미국 헌법에서의 직접민주주의제의 장·단점에 대한 법적 검토가 한국에서의 직접 민주주의적 방안의 도입 논의에 시사점 제공할 수 있으리라 생각한다.

[주제어]

국민발안, 국민투표, 직접민주주의, 대의제 민주주의, 헌법

[Abstract]

One can define the positive and negative characteristics of direct democracy devices depending on whether the person emphasizes “participation, open access, and political equality,” or “compromise, continuity, and consensus.” A direct democracy system tends to further the former while a representative democracy system tries to achieve the latter. A direct democracy system pursues different purposes than a representative democracy system. Thus, one might argue that the discussion of the strengths and weaknesses of a direct democracy system is meaningless because they are merely “in the eyes of the beholder.” This discussion is not pointless, however, because neither set of the above values should be disregarded. Understanding the pros and cons of direct democracy would ultimately help us find a balance between the two and ways to accommodate all the values in the current mixed form of government. Besides this article will focus on the legalistic aspects of pros and cons direct democracy in U.S., because policy arguments for and against it have been discussed in detail not only in the study of law but also in other academia. Moreover the U.S. constitution is similar with Korean constitution in that both of them established representative system of government and the U.S. constitution can be stated even more hostile or indifferent to direct democracy measure as it is perfectly silent about direct democracy while Korean constitution provides national referendum in Art. 72. Thus studying on the legalistic aspects of pros and cons direct democracy would give an insight on our discussion on direct democracy in legal aspects as well.

[Keywords]
Citizen Initiative, Citizen Referendum, Direct Democracy, Representative Democracy, Constitution

[Reference]

Akhil Reed Amar, Ira C. Rothgerber, Jr. Conference On Constitutional Law: Guaranteeing a republican form of government: the central meaning of republican government: popular sovereignty: popular sovereignty, majority rule, and the denominator problem, 65 U. COLO. L. REV. 749 (1994).

EDWIN M. BACON & MORRILL WYMAN, DIRECT ELECTIONS AND LAW-MAKING BY POPULAR VOTE 1 (1912).

CHARLES A. BEARD & BIRL E. SHULTZ, DOCUMENTS ON THE STATEWIDE INITIATIVE, REFERENDUM AND RECALL 31 (1912).

Dina E. Conlin, Note, *The Ballot Initiative in Massachusetts: The Fallacy of Direct Democracy*, 37 SUFFOLK U. L. REV. 1087 (2004).

THOMAS E. CRONIN, DIRECT DEMOCRACY: THE POLITICS OF INITIATIVE REFERENDUM AND RECALL (1989).

PHILIP L. DUBOIS & FLOYD FEENEY, LAW-MAKING BY INITIATIVE 8 (1998).

DANIEL J. ELAZAR, EXPLORING FEDERALISM (University of Alabama Press, 1987).

Bruno S. Frey & Alois Stutzer, *Direct Democracy: Designing a Living Constitution* 6 (September 17, 2003) ZURICHIEERWORKING PAPER NO. 167, available at SSRN:
http://ssrn.com/abstract=452081 or DOI: 10.2139/ssrn.452081

Clayton P. Gillette, Is Direct Democracy Anti-Democratic? 34 WILLAMETTE L. REV. 609 (1998).

THOMAS GOEBEL, GOVERNMENT BY THE PEOPLE: DIRECT

DEMOCRACY IN AMERICA, 1890-1940 (2002).

Marci A. Hamilton, *Perspective on Direct Democracy: The people: The least Accountable Branch* (hereinafter, *Perspective on direct democracy*) 4 U. CHI. L. SCH. ROUNDTABLE 1 (1997).

Alan Hirsch, *Direct Democracy and Civic Maturation*, 29 HASTINGS CONST. L.Q. 185, 187 (2002).

William C. Kimberling, The Electoral College, available at http://www.fec.gov/pdf/eleccoll.pdf. (8/27/2016)

CHARLES SUMNER LOBINGIER, THE PEOPLE'S LAW OR POPULAR PARTICIPATION IN LAW-MAKING 371-373 (Gaunt reprint 2001) (1909).

DAVID G. MAGLEBY, DIRECT LEGISLATION: Voting on Ballot Propositions in the United States (Johns Hopkins University Press, 1984).

PATRICK B. MCGUIGAN, POLITICS OF DIRECT DEMOCRACY IN THE 1980s (1985).

Robert G. Natelson, A Republic, Not a Democracy? Initiative, Referendum, and the Constitution's Guarantee Clause, 80 TEX. L. REV. 807 (2002).

ELLIS PAXSON OBERHOLTZER, THE REFERENDUM IN AMERICA, A DISCUSSION OF LAW-MAKING BY POPULAR VOTE (Books for Libraries Press, 1970) (1893).

__________, THE REFERENDUM IN AMERICA TOGETHER WITH SOME CHAPTERS ON THE INITIATIVE AND THE RECALL (Da Capo Press, 1971) (1911) .

Nathaniel A. Persily, *The Peculiar Geography of Direct Democracy: Why The Initiative, Referendum and Recall developed in the American West*, 2 MICH. L. & POL'Y REV. 11, (1997).

REFERENDUM NEWS, Sep. 1906 (G.H. Shibley ed., Washington

D.C., The People's Sovereignty League of America, 1905-1906).

Maimon Schwarzschild, *Popular Initiatives and American Federalism, or, Putting Direct Democracy in its Place*, 13 J. CONTEMP. LEGAL ISSUES 531 (2004).

MAIJA SETALA, REFERENDUMS AND DEMOCRATIC GOVERNMENT (1999).

J. W. SULLIVAN, DIRECT LEGISLATION BY THE CITIZENSHIP THROUGH THE INITIATIVE AND REFERENDUM 29 (NewYork, True Nationalist Pub.Co.,1893).

Maimon Schwarzschild, *Popular Initiatives and American Federalism, or, Putting Direct Democracy in its Place*, 13 J. CONTEMP. LEGAL ISSUES 531 (2004).

Matthew Spitzer, Perspective on Direct Democracy: Evaluating Direct Democracy: A Response, 4 U. CHI. L. SCH. ROUNDTABLE 37 (1997).

H. Bailey Thomson, The Politics of State Constitutional Reform, in STATE CONSTITUTIONS FOR THE TWENTY-FIRST CENTURY, Vol. 1 13-14, n. 2 (ALAN TARR & ROBERT F. WILLIAMS ed., 2006).

Daniel M. Warner, Direct Democracy: The Right of the People to Make Fools of Themselves; The Use and Abuse of Initiative and Referendum, A Local Government Perspective, 19 SEATTLE U. L. REV. 47 (1995).

DELOS F.WILCOX, GOVERNMENT BY ALL THE PEOPLE OR THE INITIATIVE, THE REFERENDUM AND THE RECALL AS INSTRUMENTS OF DEMOCRACY (1912).

Joseph F. Zimmerman, RECALL: Tribunal of the People (Praeger Publishers, 1997).

대학의 자율권과 구 교육공무원법 제24조 제3항의 의미

- 대법원 2015. 6. 24. 선고 2013두26408 판결과 관련하여 - *

박경철**

* 이 논문으로 대학의 자율성과 우리 사회의 민주주의 회복을 위해 2015. 8. 17. 산화하신 부산대학교 고 고현철교수님의 1주기를 추모하고자 한다.

** 강원대학교 법학전문대학원 교수, 법학박사

[국문초록]

이 논문은 교육부의 재정적 불이익 등의 압력을 견디지 못하고 대학운영을 책임지는 부산대학교 총장이 교수투표결과를 무시하고 총장직선제를 총장간선제로 변경한 부산대학교 개정 학칙안이 부산대학교 학칙 제30조 제4항 제2호와 구 교육공무원법 제24조 제3항 제2호에 위배되어 위법한 것인지 여부에 관한 대법원 2015. 6. 24. 선고 2013두26408 판결의 문제점에 관한 것이다.

이 사건 판결에서 대법원은 대학의 장인 총장후보자 선정방식은 국립대학의 조직에 관한 기본적 사항의 하나로서 학칙으로 정할 수 있는 대상이고, 총장후보자 선정방식을 어떤 방법으로 할 것인지는 구 교육공무원법 제24조 제3항에 따라 해당 대학의 자율적 선택에 맡겨져 있어, 해당 대학은 총장후보자 선정방식을 학칙으로 정할 수 있고, 나아가 대학의 학칙에 규정되어 있는 기존의 총장후보자 선정방식을 학칙의 개정을 통하여 변경할 수 있다고 판단하고 있다.

이런 전제에서 이 사건 판결에서 대법원은 국립대학의 장의 선임방법에 관하여 구 교육공무원법 제24조 제3항 제1호의 '추천위원회에서의 선정'을 '간선제'로 규정하는 한편, 구 교육공무원법 제24조 제3항 제2호의 '해당 대학 교원의 합의된 방식과 절차에 따른 선정'을 '직선제'로 규정하고, 대학의 장인 총장후보자 선정방식은 국립대학의 조직에 관한 기본적 사항의 하나로서 학칙으로 정할 수 있는 대상이므로 구 교육공무원법 제24조 제3항 본문에서 '해당대학이 정하는 바'란 '해당 대학의 학칙이 정하는 바'로 이해하고 있다. 그 결과 대법원은 구 교육공무원법 제24조 제3항 본문에 따라 학칙으로 총장직선제와 총장간선제중에 어느 것이나 선택할 수 있으며, 비록 교원의 합의된 의사에 반하여 학칙개정절차에 따라 총장직선제를 간선제로 개정하더라도 위법하지 아니하다고 판시하고 있다.

특히 대법원은, "외부세력의 간섭을 배제하고 대학을 자율적으로 운영한다는 측면에서는 대학의 또 다른 구성원인 직원, 학생도 교원과 함께 대학자치의 공동주체가 되며, 교수회가 임의단체인 점 등을 종합적으로 고려하여 볼 때, 대학자치의 주체를 오로지 교원으로 한정함으로써 총장후보자 선정방법을 결정함에 있어 직원과 학생의 의사는 배제한 채 교원 또는 법률상 임의단체에 불과한 교수회의 의사를 우선시하여 그 동의가 없는 한 총장후보자 선출을 위한 기존의 직선제를 간선제로 바꾸는 것이 허용되지 않는다고 하는 견해는 취할 바가 못 된다."고 하면서 원심판결을 파기하고 있다.

그러나 이와 같은 대법원의 태도는 학문공동체인 대학의 본질과 대학자치의 존재이유 그리고 헌법이 대학의 자율성을 보장하는 취지에 비추어 볼 때 합리성이 결여된 자의적인 헌법해석이라고 평가되며, 구 교육공무원법 제24조 제3항 제2호에서 명백히 '해당 대학 교원의 합의된 방식과 절차'에 따라 총장을 선정하도록 규정하고 있다는 점에서 입법자는 법률로서 대학자치의 주체를 교원에 국한하여 이해하고 있음을 고려할 때 대법원이 대학자치의 주체를 교원이외의 대학의 구성원인 직원과 학생들에게까지 확장하여 이해하는 것은 법률에 의한 재판의 원칙에도 위배되는 문제점이 있다.

이 사건을 담당한 대법관들은 헌법이 보장하는 학문의 자유와 대학의 자율권의 존재가치와 헌법적 의미에 대해서 전여 이해하고 있지 못하거나 아니면 대학의 현실에 대한 왜곡된 선입견으로 학문의 자유와 대학의 자율의 헌법적 의미를 철저히 외면하고 있는 것은 아닌가 하는 의문이 든다. 총장직선제를 비롯하여 국립대학의 운영에 여러 문제점이 있다고 하더라도 그와 같은 문제점은 대학의 자율성을 존중하면서 법치국가원리에 입각하여 이루어져야 한다.

[주제어]
대학의 자율권, 대학 자율권의 주체, 구 교육공무원법 제24조 제3항, 대학의 장의 선임방법결정권, 대학의 장의 선임에의 참여권, 학칙제정권의 한계

Ⅰ. 사건의 개요와 판결 요지

1. 사건의 개요

이 사건 대법원 판결(2013두26408 판결)은 부산대학교의 총장직선제를 폐지하는 학칙개정처분에 관한 것이다. 당시 부산대학교 총장은 총장선거의 공약으로 그리고 총장이 된 이후에도 여러 차례 총장직선제 유지를 공언하였으나 교육부의 압박으로 교수총투표의 결과를 무시하고 총장직선제를 폐지하는 학칙 개정을 단행하였다. 이런 점에서 이 사건 대법원 판결의 사실관계에 앞서 이해의 편의를 위하여 국립대학교 총장선정방법에 관한 교육부의 정책을 먼저 살펴볼 필요가 있다.

교육부(교육과학기술부[1])는, 2011. 8. 23. 총장직선제 폐지, 총장 대학운영성과목표제 도입, 학장 및 학과장 공모제 도입 등을 내용으로 하는 "2단계 국립대학 선진화방안(시안)을 발표하였고, 이에 따라 교육부는 대학평가결과 하위 15%의 대학을 '구조개혁 중점추진 국립대학'으로 지정하는 '구조개혁 중점추진 국립대학 선정'의 평가에서도 2011년부터 매년 '총장직선제 개선(폐지)'을 평가지표로 반영하고 있었다. 더 나아가 교육부는 2012. 1. 27. 총장직선제가 국립대학의 민주화와 자율성 신장에 기여한 측면이 있지만, 선거로 인한 교육·연구 분위기 훼손 등 여러 가지 부작용이 나타나고 있어 직선제 개선 요구가 점증하고 있다는 이유로 '총장직선제 개선(폐지)'을 교육부의 재정지원사업인 '대학 교육역량강화사업'의 평가에 반영하는 것을 내용으로 하는 국립대학 선진화 방안을 발표하였다.[2]

---

1) '교육과학기술부'는 2008년 2월 29일의 정부조직법 전부개정으로 창설되었으나 2013년 정부조직법 전부개정에서는 '교육부'로 변경되었다. 이 논문에서는 특별한 사정이 없으면 대법원 판결 선고 당시(2015.6.24.)의 명칭인 '교육부'로 표현하고자 한다.

2) 교육부가 추진하는 2012년 '대학 교육역량강화사업'에서 '국공립대 선진화 지표'중에서 총장직선제 개선항목의 배점은 2012년 3월 이내에 학칙 개정 완료의 경우에는 100점, 2012년 3월 이내 MOU 체결의 경우에는 80점, 미개선대학 0점이었다. 총장직선제 개선 항목의 배점은 전체 배점의 5% 비중에 불과하지만 취업률, 충원률, 교원 확보율 등에서 대학

부산대학교를 비롯한 전남대학교, 목포대학교, 경북대학교는 교육부의 총장직선제 폐지 정책을 따르지 않았고, 그 결과 위 대학들은 2012. 4. 12. 발표된 '대학 교육역량강화사업'의 지원대상에서 제외되었다.[3] 이에 위기의식을 느낀 부산대학교, 경북대학교, 전남대학교, 목포대학교의 총장들은 2012년 총장직선제를 폐지하는 내용의 학칙을 개정하기에 이르렀다.

평석대상 판결의 사실관계를 살펴보면 다음과 같다. 피고 부산대학교 총장은 2012. 6. 14.부터 2012. 6. 19.까지 총장직선제 개선방안에 관하여 대학별 설명회를 개최하여 교육부의 정책과 총장직선제를 유지하게 되면 교육부로부터 행정적, 재정적 불이익을 지속적으로 받게 되는 점을 설명하고 자신의 공약인 총장직선제를 유지할 수 없게 되었음을 밝힌 이후 2012. 6. 21. 제16회 임시교무회의에서 교수회 및 직원협의회가 각각 주관하여 교수와 직원을 대상으로 투표를 실시하도록 하였다.

교수회는 2012. 6. 21.부터 2012. 6. 28.까지 이와 관련하여 현재 부산대학교 재직 중으로 휴직이나 정직 또는 국외파견자가 아닌 교수, 부교수, 조교수, 전임강사들의 투표를 실시하였는데, 투표율이 87.6%(1,097명 중 961명 투표), 직선제 존치·개선(총장직선제 유지) 의견이 58.4%(561명), 직·간선제 제외·개선(총장직선제 폐지) 의견이 41.6%(400명)였다. 또한 부산대학교 직원협의회는 2012. 6. 27.부터 2012. 6. 28.까지 위 안건에 관하여 투표하였는데, 그 결과는 투표율이 96.24%(532명 중 512명), 직선제 존치·개선(총장직선제 유지) 의견이 26.2%(134명), 직·간선제 제외·개선(총장직선제 폐지) 의견이 73.8%(378명)였다.

2012. 7. 27. 피고 부산대학교 총장은 위와 같은 의견수렴절차를 거친 후 총장후보자 선정에 관하여 기존의 대학 교원의 합의된 방식과 절차인

간에 큰 차이가 나지 않기 때문에 선진화지표에 의해 구조개혁 중점추진 국립대학 지정여부가 결정날 수밖에 없다고 한다. 김종성, "국립대학 총장의 선임제도에 관한 연구", 사회과학연구 제24권 제2호, 충남대 사회과학연구소, 2013, 230면 참조.

3) 총장직선제를 개선하기로 결정하여 학칙에 반영하였거나, 교육과학기술부와 MOU를 체결한 대학은 최대 42억원에서 24억원의 예산을 지원받았다. 김종성, 위의 논문, 230면 참조.

'총장직선제'를 폐지하고 '추천위원회에서의 선정'으로 변경하고(개정학칙안 제10조 제2항), '교육공무원법 제24조 제3항 제2호의 교원의 합의된 방식과 절차'를 교수회의 심의·의결사항으로 규정하고 있는 개정안 발의 당시의 학칙 제30조 제4항 제2호를 삭제하는 것을 주요 내용으로 하는 부산대학교 일부 개정학칙안을 공고하면서 이에 대한 의견을 2012. 8. 9.까지 제출하도록 하였다.

이에 대해서 2012. 8. 16. 부산대학교 대학평의원회[4]는 개정 학칙안을 심의한 후 개정 학칙안이 구 교육공무원법(2013. 3. 23. 법률 제11690호로 개정되기 전의 것, 이하 '구 교육공무원법'이라 한다) 제24조 제3항 제2호, 개정안발의 당시의 학칙 제30조 제4항 제2호, 2012. 6. 교수회 주관으로 실시된 교수총투표 결과에 반하고, 교수 총의를 무시한 반민주적 사항이며, 대학 자율성을 심각하게 훼손한다는 등의 이유로 부결하였고, 위 의결 결과를 피고에게 통보하였다. 또한 2012. 8. 23. 개최된 교수로 구성되어 있는 부산대학교 교수회 역시 거의 같은 사유로 개정 학칙안을 부결하였다.

그럼에도 불구하고 피고는 2012. 8. 21. '총장직선제'를 폐지하고 '추천위원회에서의 선정'으로 변경하는 내용의 개정 학칙안에 대하여 교무회의 심의를 거친 후, 2012. 8. 24. 부산대학교 학칙 일부 개정학칙(이하 '이 사건 학칙개정'이라 한다)을 공포하였다.

이에 대해서 부산대학교의 교수이자 부산대학교 교수회 회장 갑은 '총장직선제'를 폐지하고 '추천위원회에서의 선정'으로 변경하는 내용의 이 사건 개정학칙은 부산대학교 교원의 합의된 의사에 반함을 이유로 또는 교원의 합의된 의사를 묻는 절차를 진행하지 아니하였음을 이유로 이 사건 개정학칙이 구 교육공무원법 제24조 제3항 제2호, 개정 전 학칙 제30조 제4항 제2호, 2012. 6. 교수회 주관으로 실시된 교수총투표 결과에 반하여 무효임을 이유로 무효확인판결을 주장하고, 예비적으로는 취소판결을 구하는 행정

4) 부산대학교 대학평의원회는 교수회 평의원, 직원 대표 5명, 총동문회 대표를 포함한 총장이 추천하는 교외 인사 5명 및 학생 대표 3명으로 구성되어 있다.

소송을 부산지방법원에 제기하였다.

이에 대해서 제1심법원인 부산지방법원[5])은 2013. 5. 24. 청구기각의 판결(2012구합5696)을 하였고, 항소법원인 부산고등법원[6])은 2013. 11. 20. 원고의 예비적 청구를 인용하여 개정학칙을 취소하는 판결(2013누1591)을 하였다. 이에 대해서 피고인 부산대학교 총장이 대법원에 상고하였다. 대법원[7])은 2015. 6. 24. 원심판결을 파기하고 사건을 원심법원인 부산고등법원에 환송하는 이 사건 판결(2013두26408)을 하였다.[8])

2. 관련법령 및 학칙

■ 고등교육법 제6조(학교규칙)

① 학교의 장은 법령의 범위에서 학교규칙(이하 "학칙"이라 한다)을 제정하거나 개정할 수 있다.

② 학칙의 기재사항, 제정 및 개정 절차 등 필요한 사항은 대통령령으로 정한다.

■ 고등교육법 시행령 제4조(학칙)

① 법 제6조의 규정에 의한 학교규칙(이하 "학칙"이라 한다)에는 다음 각 호의 사항을 기재하여야 한다.

14. 학칙개정절차

16. 대학평의원회 및 교수회가 있는 경우에는 그에 관한 사항

③ 법 제6조 제1항의 규정에 의하여 학교의 장이 학칙을 제정 또는 개

5) 판사 박춘기, 권민오, 장민경.

6) 판사 문형배, 이효인, 김현철.

7) 대법관 김신(재판장), 민일영(주심), 박보영, 권순일.

8) 대법원의 이 판결 후 2015. 8. 17. 부산대학교 고현철 교수가 교육부의 대학 자율성 침해를 비판하고 대학의 민주화와 사회의 민주주의 회복을 위하여 총장직선제를 주장하면서 투신자살하면서 부산대학교는 학칙을 개정하여 총장직선제로 환원하였고, 이에 따라 원고가 소를 취하하여 파기환송심인 부산고등법원에 계속중이던 소송은 종결되었다.

정하고자 하는 때에는 학칙이 정하는 바에 따라 제정안 또는 개정안의 사전공고·심의 및 공포의 절차를 거쳐야 한다.

■ 구 교육공무원법(2013. 3. 23. 법률 제11690호로 개정되기 전의 것) 제24조(대학의 장의 임용)

① 대학(「고등교육법」 제2조 각 호의 학교를 말하되, 공립대학은 제외한다)의 장은 해당 대학의 추천을 받아 교육과학기술부장관의 제청으로 대통령이 임용한다. 다만, 새로 설립되는 대학의 장을 임용하거나 대학의 장의 명칭 변경으로 인하여 학장으로 재직 중인 사람을 해당 대학의 총장으로, 총장으로 재직 중인 사람을 해당 대학의 학장으로 그 임기 중에 임용하는 경우에는 교육과학기술부장관의 제청으로 대통령이 임용한다.

② 제1항 본문에 따른 대학의 장의 임용추천을 위하여 대학에 대학의 장 임용추천위원회(이하 "추천위원회"라 한다)를 둔다.

③ 추천위원회는 해당 대학에서 정하는 바에 따라 다음 각 호의 어느 하나의 방법에 따라 대학의 장 후보자를 선정하여야 한다.

1. 추천위원회에서의 선정
2. 해당 대학 교원의 합의된 방식과 절차에 따른 선정

④ 추천위원회의 구성·운영 등에 필요한 사항은 대통령령으로 정하되, 위원의 일정 비율 이상은 여성으로 한다.

■ 교육공무원임용령 제12조의3(대학의 장 임용추천위원회의 구성 및 운영)

① 법 제24조 제2항에 따른 대학의 장 임용추천위원회는 해당 대학의 교직원, 학생 및 해당 대학 외의 인사 중 해당 대학이 정하는 바에 따라 10명 이상 50명 이하의 위원으로 구성하되, 외부 위원은 전체 위원의 4분의 1 이상이 되어야 한다.

② 위원회의 여성위원의 비율은 100분의 20 이상으로 한다.

③ 위원회에 위원장 및 부위원장 각 1인을 두되, 위원 중에서 호선한다.

⑥ 위원회의 운영등에 관하여 필요한 세부사항은 당해 대학의 장이 정

한다.

■ 개정전 부산대학교 학칙(2012. 8. 24. 개정되기 전의 것)

제10조(총장) 총장은 교무를 통할하고, 소속 교직원을 감독하며, 학생을 지도하고, 본교를 대표한다.

제29조(대학평의원회) ① 「고등교육법시행령」 제4조에 따라 대학평의원회를 둔다.

② 대학평의원회는 제30조 제2항의 교수회를 구성하는 교수회 평의원, 직원 대표 5명, 총동문회 대표를 포함한 총장이 추천하는 교외 인사 5명, 학생 대표 3명의 대학평의원으로 구성한다.

③ 대학평의원회의 의장은 제30조 제3항의 교수회 회장으로 한다.

④ 대학평의원회는 다음 각 호의 사항을 심의한다.

5. 「교육공무원법」 제24조 제4항에 관한 사항

제30조(교수회) ④ 교수회는 다음 각 호의 사항을 심의·의결한다.

1. 교수회 규정의 제정과 개정
2. 「교육공무원법」 제24조 제3항 제2호의 교원의 합의된 방식과 절차
3. 그 밖에 교수회 운영에 관한 사항

제85조(학칙개정) ① 학칙개정안은 총장이 발의한다.

② 각 부서의 장은 학교운영상 학칙개정이 필요한 경우 개정안을 주관부서로 제출할 수 있다.

③ 총장은 학칙개정안을 발의한 날부터 14일 이상 공고하여야 한다. 다만, 특별한 사유가 있는 경우 공고기간을 단축할 수 있다.

④ 각 부서의 장은 공고된 학칙개정안에 대한 의견을 서면으로 제출할 수 있다.

⑤ 학칙개정안은 교무회의의 심의를 거쳐 총장이 확정·공포한다.

■ 부산대학교 총장후보자 선정 규정

제7조(선정방법) 총장후보자는 교육공무원법 제24조 제4항 제2호(해당

대학 교원의 합의된 방식과 절차에 따른 선정)의 방법에 따라 선거인이 선거로 선정한다.

제8조(선거권자) ① 선거일 공고일 현재 부산대학교에 재직 중인 교수, 부교수, 조교수 또는 전임강사로서 휴직이나 정직 중이 아닌 자는 선거권을 가진다.

② 선거일 공고일 현재 부산대학교에 재직 중인 직원으로서 휴직이나 정직 중이 아닌 자에게 선거권을 부여할 수 있다. 다만 이에 관한 구체적인 사항은 직원단체의 의견을 들어 교수회에서 정한다.

3. 판결의 요지

1) 대법원[9]은, 대학의 장인 총장후보자 선정방식은 국립대학의 조직에 관한 기본적 사항의 하나로서 학칙으로 정할 수 있는 대상이고, 총장후보자 선정방식을 간선제와 직선제 중 어느 방법으로 할 것인지는 구 교육공무원법 제24조 제3항에 따라 해당 대학의 자율적 선택에 맡겨져 있어, 해당 대학은 총장후보자 선정방식을 학칙으로 정할 수 있고, 나아가 그 학칙에 규정되어 있는 기존의 총장후보자 선정방식을 학칙의 개정을 통하여 변경할 수 있다고 판단하고 있다.

2) 그리고 대법원은 실체적으로 간선제는 교육의 본질이나 대학의 자율성을 침해하거나 교육 관계 법령을 위반하는 것은 아니라고 판시하고 있다. 그런데 대법원은, 구 교육공무원법 제24조 제3항 제1호의 '추천위원회에서의 선정'을 '간선제'로, 같은 법 같은 조 같은 항 제2호의 '해당 대학 교원의 합의된 방식과 절차에 따른 선정'을 '직선제'로 이해하고, 대학의 장인 총장후보자 선정방식은 대학의 조직에 관한 기본적 사항으로 학칙으로 정할 수 있는 사항이므로 구 교육공무원법 제24조 제3항 본문에서의 '해당대학이 정하는 바'란 '해당 대학의 학칙이 정하는 바'로 이해하여 구 교육공무원법

9) 대법관 김신(재판장), 민일영(주심), 박보영, 권순일.

제24조 제3항 본문에 따라 해당대학의 학칙으로 총장직선제와 총장간선제중에서 어느 것이나 선택할 수 있다고 판시하고 있다.

3) 이런 전제하에서 대법원은, 우선 "외부세력의 간섭을 배제하고 대학을 자율적으로 운영한다는 측면에서는 대학의 또 다른 구성원인 직원, 학생도 교원과 함께 대학자치의 공동주체가 된다"고 하면서, "학칙에는 대학의 기본적 조직, 학위 수여, 성적 평가, 장학금 지급 등 직원 및 학생에게 중대한 영향을 미치는 사항이 포함되어 있으며(고등교육법 시행령 제4조 제1항), 이와 같은 학칙은 총장이 법령의 범위 내에서 학칙을 제정하거나 개정할 수 있는 권한이 있음(고등교육법 제6조 제1항)을 이유로, 교원 못지않게 직원과 학생에게도 총장후보자 선정과정에 참여할 기회를 보장하여야 할 구체적·현실적 필요성이 인정된다고 하면서, "대학 자치에서 직원, 학생이 차지하는 이와 같은 지위에 더하여, 고등교육법이 교수회에 관한 직접적인 규정을 두고 있지 않고 고등교육법 시행령 제4조 제1항 제16호에서 '교수회가 있는 경우에는 그에 관한 사항'을 학칙에 기재하도록 하고 있을 뿐인 점 등을 종합적으로 고려하여 볼 때, 대학자치의 주체를 오로지 교원으로 한정함으로써 총장후보자 선정방법을 정함에 있어 직원과 학생의 의사는 배제한 채 교원 또는 법률상 임의단체에 불과한 교수회의 의사를 우선시하여 그 동의가 없는 한 총장후보자 선출을 위한 기존의 직선제 학칙을 간선제로 바꾸는 것이 허용되지 않는다고 하는 견해는 취할 바가 못 된다."고 판시하면서 원심판결을 파기하고 있다.

Ⅱ. 문제의 제기

대법원의 이 사건 판결에서는 대학, 특히 국립대학의 자율성을 헌법이 보장하는 의미를 전혀 고려하지 아니하고 있고, 그 결과 대학의 자율성의 주체 및 대학 학칙 자율권의 한계를 간과하고 있다고 판단된다.

먼저 대법원의 이 사건 판결은 대학의 구성원인 교원과 직원, 학생들 중에서 대학자율권의 주체가 누구이고 누구여야 하는가 하는 문제에 관련하여 대학의 본질과 기능 그리고 학문의 자유의 속성에 관한 깊은 고민없이 단순히 대학의 구성원이라는 형식적이고 피상적 관점에서 접근하고 있다. 그 결과 대학 자율권의 주체에 관하여 그릇된 인식을 가지고 있거나 아니면 의도적으로 대학 자율권의 주체를 호도하고 있다고 판단된다. 왜냐하면 이 사건 대법원 판결에서는, 원심법원이 자신들의 판단의 핵심적 논거로 삼고 있고, 이미 헌법재판소가 2006. 4. 27. 선고한 2005헌마1047 · 1048(병합) 결정에서도 판시하고 있는 구 교육공무원법 제24조 제3항의 법적 의미, 특히 구 교육공무원법 제24조 제3항에서 제1호의 방식(추천위원회에서의 선정)과 제2호의 방식(해당 대학 교원의 합의된 방식과 절차에 따른 선정)의 관계에 관하여 원심법원이나 헌법재판소의 판단에 대해서 아무런 반대논거를 제시하지 않으면서 전여 언급조차 하고 있지 않기 때문이다.[10] 이런 점에서 대학 자율권의 주체가 누구여야 하는가하는 점과 이와 관련하여 구 교육공무원법 제24조 제3항에서 제1호와 제2호의 관계를 어떻게 이해하여야 하는가 하는 점을 분명히 하여야 한다. 그리고 이와 관련하여 교육공무원임용령 제12조의3 제1항에서 대학의 장 임용추천위원회의 위원으로서 대학의 교원이외의 직원이나 학생과 같은 대학구성원을 포함시키는 이유에 관하여 살펴 볼 필요가 있다고 판단된다.

그리고 이 사건 판결에서 대법원은 국립대학의 장의 선임방법에 관하여 구 교육공무원법 제24조 제3항 제1호의 '추천위원회에서의 선정'을 '간선제'로 규정하는 한편, 구 교육공무원법 제24조 제3항 제2호의 '해당 대학 교원의 합의된 방식과 절차에 따른 선정'을 '직선제'로 이해하고 구 교육공무원법 제24조 제3항 본문에 따라 해당대학은 학칙으로 총장직선제와 총장간선제중에 어느 것이나 선택할 수 있으며, 그렇기 때문에 교원의 합의된 의사

10) 유사 취지: 차정인, "국립대학 총장임용후보자 선정제도의 결정권자－교육공무원법 제24조 제3항의 해석론(대상판결: 대법원 2015. 6. 24. 선고 2013두26408 판결)－", 법학연구 제57권, 부산대학교 법학연구소, 2016, 18면.

에 반하더라도 해당대학의 학칙개정절차에 따라 총장직선제를 총장간선제로 개정하더라도 위법하지 아니하다는 태도이다.

그러나 이와 같은 이 사건 판결의 태도는 구 교육공무원법 제24조 제3항 제1호와 제2호의 문언적 의미에 부합하지 않을 뿐만 아니라 대학의 자율성의 헌법적 보장의 취지와 관련하여 구 교육공무원법 제24조 제3항 제2호가 가지는 법적 의미 그리고 제24조 제3항 제1호와 제2호의 관계를 잘못 이해하고 있다고 판단된다. 그 결과 이 사건 대법원 판결은 대학의 학칙개정절차에서 준수되어야 할 한계를 올바르게 파악하지 못한 문제점이 있다고 판단된다.

아래에서는 먼저 대학의 자율성의 주체가 누구여야 하는가 하는 문제와 총장후보자 선임방법의 결정에 관한 구 교육공무원법 제24조 제3항 제2호의 의미를 살펴보기 위하여 헌법 제31조 제4항의 대학의 자율성 보장의 헌법적 의미를 살펴보고(Ⅲ), 이를 바탕으로 대학의 자율성의 주체가 누구여야 하는지를 검토하고, 이와 관련하여 구 교육공무원법 제24조 제3항 제2호의 의미를 살펴보고자 한다(Ⅳ). 이어서 대학의 자율성의 헌법적 보장과 관련하여 구 교육공무원법 제24조 제3항 제1호와 제2호의 관계 그리고 같은 법 같은 조 본문에 규정된 '해당 대학이 정하는 바'를 어떻게 해석하여야 할 것인지를 살펴보고, 이를 바탕으로 대학의 학칙개정의 한계를 살펴보고자 한다(Ⅴ).

Ⅲ. 헌법 제31조 제4항의 대학의 자율성 보장의 헌법적 의미

1. 대학의 자율성 보장의 헌법적 의의

대학은 진리의 탐구와 교수를 위한 학문공동체로서 대학 그 자체가 학문의 자유의 주체로서 국가와의 관계에서 그 자율성을 인정받아야 하는 조직체이다.[11] 헌법 제31조 제4항[12]이 교육의 자주성과 더불어 대학의 자율성을 보장하고 있는 것도 대학에 대한 공권력 등 외부세력의 간섭을 배제하고 대학구성원 자신이 대학을 자주적으로 운영할 수 있도록 함으로써 대학인으로 하여금 연구와 교육을 자유롭게 하여 진리탐구와 지도적 인격의 도야라는 대학의 기능을 충분히 발휘할 수 있도록 하기 위한 것이다.[13]

대학은 특정 분야 또는 다양한 분야의 다수의 연구자들의 집합체라는 점에서 대학의 자율성 보장은 학문적 다양성을 실현하고 헌법 제9조에 규정된 문화국가원리를 실현하기 위하여서도 필요불가결하다.[14] 이런 점에서 국가는 학문적 연구활동이 융성하고 그것이 다음 세대에 전달될 수 있도록 대학의 자율성을 보장하여야 하고 이를 위해서 필요한 자율적인 대학 운영을 위한 기능적 장치들을 제공하여야 하고, 이러한 자유 보장이 공동화하는 것을 예방하기 위해서 국가는 일정한 보호, 장려행위를 적극적으로 행할 의무를 지고 있다고 할 것이다.[15][16]

---

11) 오동석, 대학 자치보장과 정부의 총장임명 제청거부, 인권법연구(한국방송통신대학교 법학과) 제1권, 2015.2, 223면.

12) 1972년의 박정희정권과 1980년 전두환정권에서 대학의 자율성이 형해화된 것에 대한 반성으로 1987년 헌법(현행 헌법)에서 대학의 자율성 보장을 헌법에 특별히 규정하였다. 교육의 자주성과 정치적 중립성은 1962년 헌법에 처음으로 규정되었고, 1972년 헌법에서 삭제되었다가 1980년 헌법에서 교육의 전문성을 추가하면서 함께 복원되었다.

13) 같은 취지: 허영, 한국헌법론, 박영사, 2016, 445면; 헌재 1992. 10. 1. 92헌마68 등 결정, 판례집 4, 670면 참조.

14) 허영, 위의 책, 177면.

15) 유사한 취지: 김학성, 헌법학원론, 피앤씨미디어, 2015, 634면; 홍일선 역, "독일 연방헌법재판소 판례번역: 대학판결 - 제1재판부 1973. 5. 29. BVerfGE 35, 79", 한림법학 Forum 18, 2007. 12, 한림대학교 법학연구소, 249면 참조.

16) 고등교육법 제7조에서는 국가와 지방자치단체는 학교가 그 목적을 달성하는 데에 필요한 재원을 지원하거나 보조할 수 있도록 규정(제1항)하는 한편 교육부장관으로 하여금 전체 국가재정 중 고등교육 지원 비율 확대를 위한 10개년 기본계획을 수립하고, 이를 반영하여 2년마다 고등교육 지원계획을 수립하여 국회 소관 상임위원회에 보고하도록 규정(제3항)하고 있다. 그리고 고등교육법에서는 국가로 하여금 학술 또는 학문 연구와 교육 연구를 진흥시키기 위하여 실험실습비·연구조성비·장학금 지급 등 필요한 조치를 마련하도록 규정하고 있다(제8조).

이처럼 헌법에서 특별히 보장하는 대학의 자율성은 헌법 제22조의 학문의 자유와 밀접불가분의 관계에 있다.[17] 학문적 다양성을 보장하기 위한 대학의 기능에 비추어볼 때 대학의 자율성은 학문의 자유를 보장하고 실현하기 위하여 대학에게 부여된 헌법상의 기본권으로 이해하는 것이 타당하다.[18] 헌법재판소도 대학의 자율성은 헌법 제22조 제1항이 보장하고 있는 학문의 자유의 확실한 보장수단으로 꼭 필요한 것으로 평가하는 동시에 대학의 자율성은 단순한 제도보장을 넘어서 대학에게 부여된 헌법상의 기본권으로 평가하고 있다.[19]

다만 헌법 제37조 제2항에 따라 국민의 모든 자유와 권리는 법률로써 제한할 수 있을 뿐만 아니라 헌법 제31조 제4항에서는 대학의 자율권은 법률이 정하는 바에 의하여 보장되는 것으로 규정하고 있으며, 헌법 제31조 제6항에 따라 국가는 모든 학교제도의 조직·계획·운영·감독에 관한 포괄적인 권한, 즉 학교제도에 관한 전반적이고 포괄적인 형성권과 규율권을 부여받고 있기 때문에 입법자가 교육의 본질과 대학 자치의 본질을 침해하지 않는 한 궁극적으로는 광범위한 제한을 받게 된다.[20]

2. 대학의 자율권의 보호영역

대학의 자율성을 보장한다는 것은, 대학에서의 연구와 교육을 자주적이고 자율적으로 결정하고 수행할 수 있도록 보장한다는 것을 의미한다. 여기서 대학의 자율은 대학의 운영 전반에 인정되어야 하는 것이므로 대학시설

17) 이런 이유로 대학의 자율성을 교육에 관한 헌법 제31조에 규정할 것이 아니라 학문의 자유를 보장하는 제22조에 규정하는 것이 타당하다. 같은 취지: 전광석, 한국헌법론, 집현재, 2016, 357면 참조.

18) 오동석, 앞의 논문, 223면.

19) 헌재 1992. 10. 1. 92헌마68 결정, 판례집 4, 670면; 헌재 2006. 4. 27. 2005헌마1047·1048(병합) 결정, 판례집 18-1(상), 613면.

20) 헌재 1991. 7. 22. 89헌가106 결정, 판례집 3, 416면 이하; 헌재 2000. 4. 27. 98헌가16 결정, 판례집 12-1, 449면; 헌재 2006. 4. 27. 2005헌마1047·1048(병합), 판례집 18-1(상), 615면,

의 관리·운영이나 학생 선발, 학생 전형뿐만 아니라 연구와 교육의 내용·방법·대상, 교과과정의 편성, 교원의 임용 기타 학교운영기구의 조직과 운영, 대학질서의 유지 등을 대학이 자율적이고 자주적으로 결정할 수 있어야 한다.[21)]

이런 점에서 대학의 행정조직의 하나인 대학의 장인 총장을 어떻게 선임할 것인지 여부 및 이에 관한 내부규정(학칙)도 대학이 기본적으로 법령에 위반되지 아니하는 범위 내에서 자율적으로 결정하여야 한다.

Ⅳ. 대학 자율권의 주체와 구 교육공무원법 제24조 제3항의 의미

1. 대학 자율권의 주체에 관한 이 사건 판결의 태도

대법원은 이 사건 판결에서 '외부세력의 간섭을 배제하고 대학을 자율적으로 운영한다는 측면에서는 대학의 또 다른 구성원인 직원, 학생도 교원과 함께 대학자치의 공동주체가 된다'고 주장할 뿐만 아니라 심지어 이 사건 대법원 판결에서는, "교원들이 대학자치의 중심이 되는 것"이라고 하면서도 부산대학교에서의 총장선임방법에 관한 교원투표 결과와 직원투표 결과를 합산하여 "간선제 전환에 찬성하는 의견이 우세하였던 사실(52.8%)"을 지적함으로써 직원이나 학생들을 교원과 대등한 대학자치의 공동주체로 여기는 것으로 판단된다.[22)]

---

21) 같은 취지: 허영, 앞의 책, 447면; 전광석, 앞의 책, 358면. 헌재 1992. 10. 1. 92헌마68 결정, 판례집 4, 670면.

22) 대법원은, 이를 원심이 인정한 사실인양 지적하고 있다. 그런데 원심 판결문에서는 총장선정방법에 관한 교원의 투표결과와 직원 투표결과를 각각 따로 밝히고 있을 뿐이고(부산고등법원 2013. 11. 20. 선고 2013누1591 판결문 3면(판결이유 1. 기초사실 다. 2)와 3)부분 참조), 교원 투표결과와 직원 투표결과를 합산하여 밝히고 있지 않음에도 불구하고 마치 원심이 교원과 직원 투표결과를 합산하여 밝힌 것처럼 "원심은 그 채택 증거를 종합하

대학 자율권의 주체에 관한 이 사건 판결의 태도는 헌법이 대학의 자율성을 보장하고 있는 헌법의 취지와 구 교육공무원법 제24조 제3항의 규정에도 반하는 문제점이 있다고 판단된다.

아래에서는 대학 자율권의 주체가 누구여야 하는지, 그리고 학생과 직원이 대학 자율권의 주체가 될 수 있는지 여부에 관하여 살펴보고, 이런 관점에서 구 교육공무원법 제24조 제3항의 의미를 살펴본다.

2. 헌법 제31조 제4항의 대학 자율권 주체

진리의 탐구와 교수를 위한 학문공동체로서 대학은 그 자체가 학문의 자유의 주체로서 국가와의 관계에서 그 자율성을 인정받는 조직체이다.[23] 그런 점에서 대학 자율권의 주체는 일차적으로 대학이라고 할 것이다.

그리고 대학의 자율권은 대학의 국가권력으로부터의 자유에 그치지 아니하고 대학의 교원 등 연구자가 그가 속해있는 대학의 장 기타 행정조직으로부터의 부당한 간섭을 받지 아니하고 학문연구와 교수활동을 할 수 있을 것을 요구한다. 왜냐하면 개개의 연구자가 누리는 학문의 자유는 객관적 진리를 '주관적으로'[24] '진지하고 계획적으로'[25] 탐구하기 위한 자유이고, 따라서 학문의 자유는, 연구방법이나 연구장소 등이 공공의 안녕질서를 해치지 아니하는 한,[26] 교수 등 개개의 연구자들이 누구의 간섭이나 지시도 받지 아니하고 호기심이 생기고 관심이 가는 문제를 자유로이 연구하고 조사하고, 그리고 그들이 도출한 결론을 자유로이 토론하고 가르치고 발표하는 것을

여, …… ② …… 양자의 투표결과를 종합하면 간선제 전환에 찬성하는 의견이 우세하였던 사실(52.8%) …… 등을 인정한 다음,"이라고 설시하고 있다.

23) 오동석, 앞의 논문, 223면.

24) 성낙인, 헌법학, 법문사, 2015, 1124면.

25) 허영, 앞의 책, 441면; 김학성, 앞의 책, 633면.

26) 과학기술의 발전에 따라 연구과정에서 발생할 수 있는 공공의 안녕질서를 침해할 위험성을 제거하거나 예방하는 안전조치를 갖출 것이 요구되며, 생명과학분야의 연구에서 생명윤리의 준수를 요구하고 있다. 자세한 것은 허영, 앞의 책, 443면; 김학성, 앞의 책, 635면; 성낙인, 앞의 책, 1125면 참조.

공권력이나 기타 외부로부터 방해받지 아니할 자유를 의미하기 때문이다.[27) 또한 학문공동체로서 대학은 특정한 분야 또는 다양한 분야의 다수의 연구자들의 집합체라는 점에서 대학의 자율권은 대학 교원의 개인적 자유를 넘어서 대학 교원 전체의 자유로서의 의미를 가진다. 따라서 교원 전체의 의사를 대표하는 교수단체 내지 교수회 역시 대학의 자율권의 주체로 인정되어야 한다.[28)]

이렇게 이해할 때 대학 자율권의 주체인 교수 내지 교수회는 대학정책결정에 자신들의 의견을 표명하고 반영할 수 있도록 대학의 관리운영에 참여할 권리를 가진다고 할 것이다.[29)] 헌법재판소는, 대학의 교수 및 교수회가 구 교육공무원법 제24조 제3항 등에 대하여 제기한 헌법소원사건에서 "청구인들에게 대학총장후보자 선출에 참여할 권리가 있고 이 권리는 대학 자치의 본질적인 내용에 포함된다고 할 것이므로 결국 헌법상의 기본권으로 인정할 수 있다."고 판시하였다.[30)]

한편 대학은 연구자집단으로서의 교원뿐만 아니라 학생, 그리고 직원으로 구성되어 있다. 이와 관련하여 교원외에 학생이나 직원이 대학 자율성의 주체가 될 수 있는지 문제가 된다. 대학의 자율권이 학문의 자유의 확실한 보장수단으로 꼭 필요한 것으로 평가되어 보장된다는 점에서 대학 자율권의

---

27) Fritz Machlup, "On Some Misconceptions Concerning Academic Freedom", Louis Joughin (ed.), *Academic Freedom and Tenure*(Madison: The University of Wiscunsin Press, 1967), p. 178, 강준모, "대학에서의 학문의 자유", 서울교육대학교 논문집 14(1), 1981, 287면에서 재인용.

28) 같은 취지: 헌재 2006. 4. 27. 2005헌마1047 등, 판례집 18-1상, 613면 참조. 헌법재판소는 "대학 자치의 주체를 기본적으로 대학으로 본다고 하더라도 교수나 교수회의 주체성이 부정된다고 볼 수는 없고, 가령 학문의 자유를 침해하는 대학의 장에 대한 관계에서는 교수나 교수회가 주체가 될 수 있고, 또한 국가에 의한 침해에 있어서는 대학 자체 외에도 대학 전 구성원이 자율성을 갖는 경우도 있을 것이므로 문제되는 경우에 따라서 대학, 교수, 교수회 모두가 단독, 혹은 중첩적으로 주체가 될 수 있다고 보아야 할 것이다."라고 판시한 바 있다.

29) 윤후정, "미국헌법상 학문의 자유(Ⅰ)", 사회과학논집 제3권, 이화여자대학교 법정대학, 1983, 12면; 오동석, 앞의 논문, 222면.

30) 헌재 2006. 4. 27. 2005헌마1047 등, 판례집 18-1(상), 613면 이하 참조.

주체 역시 이런 관점에서 평가되어야 한다. 즉 대학의 학문공동체로서의 특성과 대학에서의 연구와 교수에 대한 책임성을 고려할 때 교원의 연구결과를 수용하기도 하고 문제제기도 하는 학생은 부분적으로 대학 자치권의 주체로 인정되어야 한다.[31] 하지만, 학생을 대학 자치권의 주체로 본다고 하더라도 학생들의 대학 자치권은 학생의 자치활동과 관련하여 널리 인정될 수 있으나 이 경우에도 대학의 학칙과 교원의 지시 등을 준수하여야 한다. 또한 학사행정에 관한 대학의 결정에 대하여 학생들이 의견을 개진하고 건의하고, 대학의 결정에 대해서 비판하는 범위에서 대학 자치에의 참여권을 인정될 수 있을 뿐이고, 학생들의 건의내용과 다른 결정을 대학이 하였다고 하여 학생들의 대학 자치권이 침해되었다고 볼 수는 없다는 점[32]에서 학생들의 대학 자치권은 매우 제한되어 있다고 할 것이다.

하지만, 직원은 교원의 연구 및 교수활동과 학생들의 대학에서의 수학을 행정적으로 지원하기 위한 역할을 담당하고 있을 뿐이고 어떠한 학문적 활동에 관여하는 것은 아니라는 점에서, 그리고 국립대학이든 사립대학이든 직원은 피고용자로서의 지위에 있다는 점에서, 고용주 즉 국립대학의 경우 정부에, 사립대학의 경우 재단에 고용되어 있다는 점에서 총장이나 교육부 관료 내지 재단과 상하 위계의 관계에 있으며 신분적 독립성이 약하여 승진이나 보직 등과 관련하여 고용주의 의사에 종속되는 경우가 대부분이라는 점에서 대학 자율권의 주체라고 평가할 수는 없다고 판단된다.[33]

그리고 대학의 구성원이라는 이유로 직원이나 학생들도 대학의 의사결정에 참여할 수 있도록 하여야 한다고 하더라도 진리를 찾기 위한 진지하고

---

31) 같은 취지: 김학성, 앞의 책, 638면; 허영, 앞의 책, 전광석, 앞의 책, 360면 참조.

32) 헌법재판소도, 대학교 재학생들의 신입생모집에 관하여 의견을 개진하고 건의하며 대학 당국의 결정에 대하여 비판하는 범위내에서 대학자치에의 참여권을 비록 인정한다 하더라도, 건의·비판을 통한 참여가능성 자체가 봉쇄되지 않은 이상 재학생의 건의내용과 다른 결정이 내려졌다 하여 바로 그들의 참여권에 대한 침해가 있다고 볼 수도 없다고 판시하고 있다. 헌재 1997. 3. 27. 94헌마277, 판례집 9-1, 410면.

33) 이런 이유로 구 교육공무원법 제24조 제3항 제2호에서 총장후보자 선정방법을 해당 대학의 교원이 정하도록 규정한 것은 적절하다고 판단된다.

계획적인 활동을 의미하는 학문연구와 연구결과의 교수가 학문공동체로서 대학 본연의 기능이고, 학문 연구 및 교수는 대학의 교원에 의하여 이루어진다는 점을 고려할 때 대학의 교원이 핵심적인 대학 자율권의 주체라고 할 것이고, 따라서 대학의 의사결정과정에 직원이나 학생들이 참여하더라도 직원과 학생들의 비중의 합이 교원의 그것보다 크거나 같을 수 없다고 할 것이다. 그러므로 대학의 구성원이라는 이유로 교원뿐만 아니라 직원이나 학생들도 대학의 의사결정에 참여하고 있음을 이유로 직원이나 학생을 교원과 대등한 대학 자율권의 주체로 파악되어서는 아니 된다고 할 것이다.[34)]

이런 점을 고려할 때 정부나 재단 등의 '외부세력의 간섭을 배제하고, 대학을 자율적으로 운영하기 위해서' 직원과 학생을 교원과 관계에서 교원과 대등한 대학 자치의 주체로 보아야 한다고 하는 대법원의 주장은 대학 자치의 본질을 제대로 이해하지 못한 궤변이라고 할 것이다.

3. 구 교육공무원법 제24조 제3항의 의미

구 교육공무원법 제24조 제3항에서는 대학의 장의 후보자를 선정하는 방법에 관하여 '추천위원회에서의 선정'(제1호)과 '해당 대학 교원의 합의된 방식과 절차에 따른 선정'(제2호)이라는 두 가지 방식 중에서 하나를 해당 대학이 정하도록 규정하고 있다.

구 교육공무원법 제24조 제3항 제2호는 총장후보자를 어떻게 선정할 것인가 하는 선정방법에 관해서 대학의 교원이 합의하여 정할 것을 내용으로 하고 있는데, 이는 세 가지 의미를 가진다. 첫째, 이 규정은 대학의 장의 선정방법과 관련하여서 특정한 방식에 국한하지 아니하고 다양한 방식을 대학의 교원들이 선택할 수 있도록 보장하고 있다는 점이다. 구 교육공무원법 제24조 제3항 제2호에 따라 해당 대학 교원 모두가 투표하는 직선제를 채

34) 같은 취지: 허영, 앞의 책, 448면; 전광석, 앞의 책, 360면; 김학성, 앞의 책, 638면; 홍일선, 앞의 번역문, 219면 이하 참조.

택할 수도 있고, 교원뿐만 아니라 직원과 학생들에게도 부분적으로 선거권을 인정하는 직선제를 채택할 수도 있고, 해당 대학 교원을 대표하는 대의원을 선출하여 대의원으로 하여금 총장임용후보자를 선출하는 방식을 채택할 수도 있고, 같은 법 같은 조 제3항 제1호의 추천위원회에서의 선정방식을 채택하면서도 후보자 선별, 압축 등을 위한 별도의 중간절차를 통하여 선출하는 방법을 선택할 수도 있는 것이다.[35] 이런 점에서 구 교육공무원법 제24조 제3항 제1호의 '추천위원회에서의 선정방식'은 해당 대학 교원의 합의가 없는 경우에 실질적으로 의미를 가진다는 점에서 보충적, 예외적 방식이라고 이해하는 것이 타당하다.[36] 둘째, 이 규정은 교원들이 합의를 하기만 하면 총장직선제도 실시할 수 있도록 규정하고 있다는 점에서 이 규정이 교원 내지 대학구성원에 의한 총장직선제를 직접적으로 보장하는 것은 아니지만, 총장직선제의 법적 근거를 제공하는 의미를 가진다.[37] 셋째, 대학의 장의 선정방법에 관한 결정의 주체가 대학의 교원임을 명시적으로 규정함으로써 대학의 교원이 대학 자치의 핵심적 주체임을 분명히 하는 의미를 가지고 있다고

---

35) 이에 관하여 자세한 것은 김종성, 앞의 논문, 238면 이하 참조.

36) 헌법재판소 역시 구 교육공무원법 제24조 제3항 제1호의 추천위원회에서의 선정은 원칙적인 방식이 아닌 교원의 합의된 방식과 선택적이거나 혹은 실제로는 보충적인 방식으로 규정되어 있는 것이라고 판시하고 있다. 헌재 2006. 4. 27. 2005헌마1047·1048(병합), 판례집 18-1(상), 616면.

37) 그런데 이 규정이 국립대학에서의 총장직선제의 직접적인 법적 근거가 될 수 없고 그 동안 법적 근거없이 사실상 총장직선제가 실시되었다는 견해도 있다. 성낙인, "대학 자치(자율)와 국립대학 총장선거", 법학 제48권 제1호, 서울대학교 법학연구소, 2007, 138면; 김종성, 앞의 논문, 235면. 하지만 대학의 자율성을 보장하기 위하여 총장직선제가 반드시 보장되어야 하는 것은 아니라는 점에서 비록 기본권에 관련된 중대하고 본질적인 사항은 법률에 규정하여야 한다는 관점에서 볼 때 행정입법에 총장선임방법을 누가 어떻게 정할 것인가를 규정한 것은 문제가 있지만, 1991년 개정된 구 교육공무원법 제24조에서 대학의 장을 '당해 대학의 추천'을 받도록 규정하면서 당해 대학이 추천할 총장후보자를 선정하는 방법에 관하여 1991년 개정된 교육공무원임용령 제12조의3 제4항에서 "당해 대학 교원의 합의된 의사에 따른 선정"이라는 규정을 두고 있었기 때문에 당해 대학교원의 합의된 의사에 따라 총장직선제가 채택될 수 있는 법적 근거가 마련되었다는 점에서 이 규정은 총장직선제의 법적 근거가 된다고 보는 것이 타당하다. 같은 취지 헌재 2006. 4. 27. 2005헌마1047 등, 판례집 18-1(상), 615면.

판단된다. 이런 점에서 구 교육공무원법 제24조 제3항 제2호는 대학의 자율성을 존중하는 규정으로 평가할 수 있다.[38)]

한편 이 사건 대법원판결에서는 교육공무원임용령 제12조의3 제1항에서 대학교원이외의 대학구성원을 추천위원회의 위원으로 하도록 규정하고 있는 것도 대학의 직원과 학생을 대학자치의 공동주체임을 나타내는 것으로 평가하고 있다.[39)]

그러나 앞에서도 살펴보았듯이 직원이나 학생을 대학 자율권의 공동주체로 보기 곤란하다는 점에서 교육공무원임용령 제12조의3 제1항을 대학의 직원과 학생들을 대학의 교원과 더불어 대학 자치의 공동주체임을 나타내는 것이라는 평가는 매우 적절하지 않다고 생각한다. 직원이나 학생들이 총장선정과정에 참여하게 하는 것은, 이들이 학교 조직이나 학사 조직, 학사 운영 등과 관련하여 긴밀한 이해관계를 가지는 이해당사자 내지 이해관계인으로서 총장선정과정에 참여하는 것으로 평가하는 것이 타당하다.[40)] 즉 교육공무원임용령 제12조의3 제1항에서 직원과 학생을 추천위원회 위원으로 한 것은 대학의 장의 선정과정에서 다양한 대학구성원의 의사와 이해관계를 반영하겠다는 취지로 이해하는 것이 타당하다.

만약 시행령에 해당하는 교육공무원임용령에서 학생과 직원을 추천위원회의 위원으로 하도록 명시하고 있음을 이유로 대학 자치의 주체를 대학의 직원과 학생들에게 확장하는 것으로 이해한다면 교육공무원임용령 제12조의3 제1항은 모법인 교육공무원법의 위임의 취지에 반하는 위법한 시행령으로 평가되어야 할 것이다. 왜냐하면 법률인 구 교육공무원법에서는 대학의 장의 선출방식을 우선적으로 해당 대학 교원의 합의로 정하도록 규정하고 있다는 점에서[41)] 법률에서는 대학 자치의 주체를 기본적으로 대학의 교원으로 보고 있기 때문이다.

---

38) 같은 취지 헌재 2006. 4. 27. 2005헌마1047 등, 판례집 18-1(상), 615면.

39) 대법원 2015. 6. 24. 선고 2013두26408 판결.

40) 유사한 취지: 김종성, 앞의 논문, 237면.

41) 헌재 2006. 4. 27. 2005헌마1047·1048(병합), 판례집 18-1(상), 616면.

4. 결어

이 사건 대법원 판결은, 구 교육공무원법 제24조 제3항에 따라 총장임용후보자 선정제도에 관한 결정권은 해당 대학의 교원에게 있다는 원심법원의 판단을 배척하기 위하여 대학의 교원뿐만 아니라 직원과 학생들이 대학자치의 공동주체임을 인정하고 있다. 이와 같은 대법원의 대학 자치의 주체에 관한 이해는 학문 연구와 교수를 위한 학문공동체로서의 대학의 본질을 간과하여 대학의 자율성을 보장하는 헌법 제31조 제4항의 취지에 위배되는 문제점과 구 교육공무원법 제24조 제3항의 명문의 규정에 위반하여 법률에 의한 재판의 원칙에도 위배되는 문제점이 있다. 또한 '총장임용후보자 선정에의 참여권(선거권)과 총장임용후보자 선정제도에 관한 결정권은 엄연히 다른 것임에도 불구하고 이를 동일시하는 대법원의 태도는 논리적으로 수긍하기 어렵다.[42)]

대법원은 이 사건 판결에서, 대학 자율성을 보장하는 헌법의 취지, 학문의 자유와 대학의 속성, 그리고 대학 자율권의 주체 등에 관하여 헌법적 관점에서 보다 진지하게 검토하였어야 했다. 뿐만 아니라 이와 같은 헌법적 이해를 바탕으로 시행령인 교육공무원임용령 제12조의3 제1항에서 대학의 직원과 학생에게 총장임용후보자 선정에의 참여권을 인정하면서도 법률인 구 교육공무원법 제24조 제3항에서 총장임용후보자 선정제도에 관한 결정과정에의 참여권을 인정하지 아니한 이유를 깊이 검토했어야 했다.

42) 차정인, 앞의 논문, 18면 이하 참조.

Ⅴ. 대학의 학칙자율권의 한계: 학칙개정과 구 교육공무원법 제24조 제3항의 관계

1. 서설

대학은, 대학의 자율권에 근거하여 대학의 학칙제정에서도 외부세력의 간섭을 받지 아니하고 자율적으로 결정할 권리를 가진다. 하지만, 대학의 학칙제정의 자율권은 헌법의 명문의 규정이나 근본이념과 그 기본원리에 위배되어서는 아니 되며, 상위법인 법령의 규정에 의한 명시적 한계와 법령의 입법취지에 따른 묵시적 한계를 준수하여야 한다. 즉 대법원의 이 사건 판결에서 대법관들이 주장하는 것처럼 대학의 학칙은 '법령과 학칙이 정하는 절차에 따라' '법령의 범위내에서' 제정하고 변경할 수 있을 뿐이다.

그런데 이 사건 판결에서 대법원은 총장후보자 선정방식은 국립대학의 조직에 관한 기본적 사항의 하나로서 학칙으로 정할 수 있는 대상이고, 국립대학의 장의 선정방법에 관한 구 교육공무원법 제24조 제3항 제1호의 추천위원회에서의 선정방식을 '간선제'라고 규정하는 한편, 구 교육공무원법 제24조 제3항 제2호의 '해당 대학 교원의 합의된 방식과 절차에 따른 선정'을 '직선제'로 규정하면서 구 교육공무원법 제24조 제3항 본문에서의 '해당 대학에서 정하는 바'는 '해당 대학의 학칙으로 정하는 바'로 이해하고 있다. 그 결과 해당 대학의 학칙이 정하는 바에 따르기만 하면 총장직선제를 총장간선제로 개정하는 것이 대학 교원의 합의에 반하는 것이라고 하더라도 위법이 아니라고 강변하고 있다.

그러나 이 사건 대법원 판결은 구 교육공무원법 제24조 제3항 제1호와 제2호를 간선제와 직선제로 규정하고 있다는 점에서 구 교육공무원법 제24조 제3항 제1호와 제2호의 문언적 의미를 왜곡하고 있을 뿐만 아니라 구 교육공무원법 제24조 제3항 제2호가 가지는 헌법적 의미를 간과하여 피고의 학칙개정행위가 구 교육공무원법 제24조 제3항 제2호에 위반된다는 점을 간과하고 있다고 판단된다.

이하에서는 먼저 국립대학의 장의 선정방법에 관한 구 교육공무원법 제24조 제3항 제1호의 추천위원회에서의 선정방식을 '간선제'라고 규정하는 한편, 구 교육공무원법 제24조 제3항 제2호의 '해당 대학 교원의 합의된 방식과 절차에 따른 선정'을 '직선제'로 규정하는 대법원의 이해의 문제점을 지적하고, 구 교육공무원법 제24조 제3항 제2호와 학칙의 관계를 살펴본다.

2. 구 교육공무원법 제24조 제3항 제1호와 제2호의 의미

구 교육공무원법 제24조 제3항 제2항 2호에서는 "해당 대학 교원의 합의된 방식과 절차에 따른 선정"이라고 규정하고 있을 뿐이므로 이를 바로 '직선제'로 규정하는 것은 문언에 부합하지 않는 해석이라고 할 것이다. 왜냐하면 구 교육공무원법 제24조 제3항 제2호에서는 총장임용후보자 선정제도에 관하여 해당 대학 교원의 합의로 정할 것을 규정하고 있을 뿐이지, 해당 대학 교원의 합의로 총장임용후보자를 정할 것을 규정하는 것은 아니기 때문이다.[43] 이미 설명한 것처럼 구 교육공무원법 제24조 제3항 제2호에 근거하여 해당 대학의 교원은 교원 모두가 투표하는 직선제를 채택할 수도 있고, 교원뿐만 아니라 직원과 학생들에게도 부분적으로 선거권을 인정하는 직선제를 채택할 수도 있고, 해당 대학 교원을 대표하는 대의원을 선출하여 대의원으로 하여금 총장임용후보자를 선출하는 간선제방식을 채택할 수도 있고, 같은 법 같은 조 제3항 제1호의 추천위원회에서의 선정방식을 채택하면서도 후보자 선별, 압축 등을 위한 별도의 중간절차를 통하여 선출하는 방법을 선택할 수도 있는 것이다. 이런 점에서 구 교육공무원법 제24조 제3항 제2호의 방식은 교원합의방식으로 평가하는 것이 타당하다.[44]

---

43) 같은 취지: 차정인, 앞의 논문, 13면 참조; 성낙인, 앞의 논문, 138면; 김종성, 앞의 논문, 235면 참조.

44) 또한, 엄밀한 의미에서의 간선제는 유권자가 자신을 대신할 대의원을 선출하는 것을 전제

따라서 비록 모든 국립대에서 구 교육공무원법 제24조 제3항 제2호에 따라 총장직선제를 채택하고 있다고 하더라도 이 사건 판결에서 대법원이 구 교육공무원법 제24조 제3항 제2호를 직선제로 단정한 것은 논리의 비약이라고 판단된다.

그리고 구 교육공무원법 제24조 제3항 제2호의 '해당 대학 교원의 합의된 방식과 절차에 따른 선정'을 '직선제'로 규정하는 것이 잘못되었음은 구 교육공무원법 제24조의3 제1항의 문언에서도 잘 나타난다. 구 교육공무원법 제24조의3 제1항에서는 "대학의 장 후보자를 추천함에 있어서 제24조 제3항 제2호의 규정에 따라 '해당 대학 교원의 합의된 방식과 절차에 따라 직접선거에 의하는 경우' 해당 대학은 선거관리에 관하여 그 소재지를 관할하는 선거관리위원회법에 의한 구·시·군선거관리위원회에 위탁하여야 한다"고 규정하고 있다. 즉 구 교육공무원법 제24조의3 제1항에 따르면 "해당 대학 교원의 합의된 방식과 절차"가 바로 직접선거인 것이 아니라 "해당 대학 교원의 합의된 방식과 절차"에 따라 직접선거하기로 결정한 경우에 비로소 선거관리를 위탁하도록 규정하고 있는 것이다.

또한 구 교육공무원법 제24조 제3항 제2호에 관한 대법원의 태도는 국립대학에서의 총장임용후보자를 선정하는 방법을 추천위원회에서의 선정방식과 교원의 직선제방식 두 가지만이 인정된다는 것인데, 이와 같은 태도는 해당 대학의 교원이 제3의 방식을 채택할 수 있는 가능성을 부정한다는 점에서 대학의 자율성을 존중하려는 구 교육공무원법 제24조 제3항 제2호의 취지에 어긋날 뿐만 아니라 대학의 자율권을 극도로 제한하는 위헌적 해석이라고 판단된다.[45)]

로 하는데, 국립대학의 장 임용추천위원회의 위원은 해당 대학의 교원이나 직원 등이 대의원을 선출하는 것이 아니라 교원이나 직원 중에서 그리고 추천받은 자 중에서 무작위 추첨으로 결정되는 것이 보통이기 때문에 이 사건 판결에서 구 교육공무원법 제24조 제3항 제1호의 '추천위원회에서의 선정방식'을 '간선제'로 평가한 것도 적절하지 않다. 같은 취지: 차정인, 앞의 논문, 15면. 구 교육공무원법 제24조 제3항 제1호의 선정방식은 '법정방식' 내지 '추천위원회에 의한 선정방식'으로 평가하는 것이 옳다.

45) 같은 취지: 차정인, 앞의 논문, 14면.

그 외에도 교원과 직원을 구분하고 있는 현행 고등교육법 제14조와 구 교육공무원법 제2조에 비추어볼 때 대법원처럼 제2호가 총장직선제를 의미하는 것으로 이해하면 과거 또는 현재 국립대 총장직선제에서 널리 인정되고 있는 직원이나 학생들에게 선거권을 인정하는 것은 구 교육공무원법 제24조 제3항 제2호에 위반된다는 법적 문제가 발생할 수 있다.[46] 이는 이 사건 대법원 판결에서 대법원이 대학의 구성원인 직원과 학생들도 대학 자치의 공동주체로 인정하는 것과는 모순되는 결과이다. 대법원이 대학의 구성원인 직원과 학생들도 대학 자치의 공동주체로 인정하여 총장선임과정에의 참여권을 인정하여야 함을 강변하면서도 법률의 해석을 통하여 직원이나 학생들의 총장선거에서의 선거권을 부정하는 결과를 초래하는 것은 대법원의 법률해석이 잘못되었다는 반증이라고 할 것이다.

3. 구 교육공무원법 제24조 제3항 제2호와 학칙개정의 한계

헌법재판소는, 대학의 장 후보자 선정과 관련하여 대학에게 반드시 직접선출 방식을 보장하여야 하는 것은 아니지만 대학교원들의 합의된 방식으로 그 선출방식을 정할 수 있는 기회를 제공하면 족하다고 하면서 구 교육공무원법 제24조 제3항은 '대학의 장 후보자 선정을 추천위원회에서 할 것인지, 아니면 교원의 합의된 방식에 의할 것인지를 대학에서 우선적으로 결정하도록 하여 이를 충분히 보장하고 있다'고 판시하여[47] 직선제든 간선제든 대학에서 우선적으로 결정하여야 함을 분명히 하는 동시에, 구 교육공무원법 제24조 제3항 제1호와 제2호의 관계에 관하여 '추천위원회에서의 선정은 원칙적인 방식이 아닌 교원의 합의된 방식과 선택적이거나 혹은 실제로는 보충적인 방식으로 규정되어 있다'고 밝히고 있다.[48] 따라서 구 교육공무원법 제24조 제3항 본문에서 총장선정방법에 관하여 '대학이 정하는 바'

46) 차정인, 앞의 논문, 15면.

47) 헌재 2006. 4. 27. 2005헌마1047 · 1048(병합), 판례집 18-1(상), 616면 이하 참조.

48) 헌재 2006. 4. 27. 2005헌마1047 · 1048(병합), 판례집 18-1(상), 616면 이하 참조.

라는 것은 해당 대학의 교원의 의사가 우선적인 의미를 가진다고 할 것이다. 이점은 원심법원인 부산고등법원의 판결에서도 나타난다. “교육공무원법 제24조 제3항이 교원들에게 직선제를 보장하는 것은 아니더라도 최소한 직선제와 간선제 중 어느 방식으로 총장후보자를 선출할 것인지를 대학 교원에게 우선적으로 결정하도록 한 것으로 해석함이 상당하고, 따라서 위 조항의 ‘해당 대학’이란 ‘해당 대학의 전체 교원’을 의미하므로, 위 학칙 개정은 전체 교원의 의사에 기하여 이루어진 것으로 볼 수 없다고 보는 것이 대학자치의 존재이유에 부합한다고 판단된다.”고 판시하고 있다.[49)]

그렇기 때문에 설사 대법원의 주장처럼 구 교육공무원법 제24조 제3항 제1호의 ‘추천위원회에서의 선정방식’을 ‘간선제’라고 규정하는 한편 구 교육공무원법 제24조 제3항 제2호의 ‘해당 대학 교원의 합의된 방식과 절차에 따른 선정’을 ‘직선제’로 이해한다고 하더라도, 그리고 대법원의 주장처럼 구 교육공무원법 제24조 제3항 본문의 ‘해당 대학이 정하는 바’를 학칙으로 이해한다고 하더라도 해당 대학 교원의 합의로 제2호의 방식을 채택하여 직선제로 하였다면 이를 폐지하거나 변경하기 위해서는 해당 대학 교원의 합의가 있어야 한다고 이해하는 것이 대학 자치를 보장하는 헌법의 취지와 구 교육공무원법 제24조 제3항 제2호의 문언과 대학의 자율성을 인정하려는 입법취지에 부합한다고 할 것이다.

이런 점에 비추어볼 때 피고의 학칙개정행위는 해당 대학 교원의 의사에 반하여 이루어졌다는 점에 위법하다고 평가되어야 한다.

4. 결어

대법원이 이 사건 판결에서 밝히고 있듯이 해당 대학이 법령과 학칙이 정하는 절차에 따라 법령의 범위 내에서 제정 또는 개정한 학칙은 대학의 자치규범으로서 당연히 구속력을 갖는다. 교수회가 비록 법령상의 임의단체

---

49) 부산고등법원 2013. 11. 20. 선고 2013누1591 판결문 9면 참조.

에 불과하다고 하더라도 일단 학칙에 규정되어 있으면 법적 기구로서 존재하고 법적 권위를 가지는 것이다. 개정전 부산대학교 학칙 제30조에 따르면 '고등교육법시행령 제4조에 따라 교수회를 둔다'고 규정하고 있고(제1항), 부산대학교 학칙 제30조 제4항 제2호에서 교수회의 권한 중의 하나로 "「교육공무원법」 제24조 제3항 제2호의 교원의 합의된 방식과 절차"에 관한 사항을 심의·의결하는 권한을 부여하고 있다. 피고는, 부산대학교 학칙 제30조 제4항 제2호는 이미 해당 대학 교원이 합의한 선정방법의 구체적 절차와 내용 등에 관한 것을 의미한다고 이해하여 직선제를 실현하는데 필요한 절차와 방식을 정할 수 있는 권한이라고 주장한다. 그러나 부산대학교 학칙 제30조 제4항 제2호의 교수회의 심의·의결권한은 구 교육공무원법 제24조 제3항 제2호에 근거하여 총장선임방법에 관한 교원의 합의된 방식과 절차를 결정할 수 있는 권한이 교수회에 있음을 확인하는 규정으로 이해하는 것이 타당하다. 이는 피고가 직선제를 폐지하는 이 사건 개정 학칙안을 교무회의에서 심의·의결하기 전에 총장직선제 개선여부에 관하여 교무회의에서 교수회 주관하에 교수들의 의사를 묻는 투표를 실시하도록 한 것에서도 잘 나타난다. 이런 점에서 이 사건 학칙개정안은 부산대학교 학칙 제30조 제4항 제2호를 위반하였다는 점에서 위법하다고 할 것이다.

뿐만 아니라 이 사건 학칙개정안은 구 교육공무원법 제24조 제3항 제2호에도 위배된다고 판단된다. 대법원의 이 사건 판결에서 주장하는 것처럼 대학의 학칙은 '법령과 학칙이 정하는 절차에 따라' '법령의 범위내에서' 제정하고 변경할 수 있는 것이다. 이런 점에서 구 교육공무원법 제24조 제3항의 '해당 대학에서 정하는 바'라는 것은 해당 대학의 학칙을 의미하는 것이지만 해당 대학의 학칙은 관련 법령의 내용을 준수하여야 함을 전제로 하는 것이다. 따라서 총장후보자선정방법을 변경하기 위해서는 부산대학교 학칙에 규정된 개정절차뿐만 아니라 구 교육공무원법 제24조 제3항 제2호를 준수하여야 한다. 즉 구 교육공무원법 제24조 제3항 제2호에 따라 결정된 기존의 "해당 대학 교원의 합의된 방식"이 존재하는 경우, 그것이 직선제이든 간선제이든 불문하고, 그것을 변경하기 위해서는 해당 대학 교원의 합의를 거쳐야 한다. 그렇지 않고 총장후보자선정방법을 변경하는 학칙개정을 하면서 해당 대학 교원의 합의없이 단순히 통상적인 학칙개정절차만으로는 변경하는 것은 구 교육공무원법 제24조 제3항 제2호에 위배되어 위법한 것으로 평가하는 것이 타당하다.

Ⅵ. 맺는 말

고등교육법에 따라 국립대학운영이 총장 1인에게 집중되는 현실에서 교육부가 총장 간선제를 선호하는 것은 교육부가 총장을 통하여 대학을 통제하기 위한 것으로 평가된다. 이 사건 대법원 판결은, 국립대학에서 총장직선제를 폐지하기 위하여 교육부가 각종 재정지원사업을 통하여 대학을 재정적으로 압박하고, 교육부의 영향력에 민감한 대학의 행정직원을 통하여[50] 대학의 총장을 비롯한 집행부에 대한 협조 거부, 태업 등의 행정적, 정치적 압박을 가하고, 각종 평가사업을 통하여 직선제를 고수하는 대학의 명예를 실추시키는 방식의 교육부의 각종 탈법적 활동이 헌법정신에 반하여 부당하다는 평가[51][52]는 고사하고, 재정적 불이익 등 교육부의 각종 억압과 압박으로

---

50) 국립대학의 시설관리, 재무관리, 직원인사 등의 일반행정작용은 총장의 지시와 책임하에 이루어지기는 하지만 교육부 국장급출신으로 임명되는 사무국장에 의하여 집행되고 있으며, 그 외에도 교육부에서 파견 나온 간부급 공무원과 교육부에 파견 나갔다가 복귀한 대학직원 등을 통하여 그리고 각종 감사 등을 통하여 대학의 직원에 대한 징계 요구 등으로 교육부는 국립대학 직원들을 통제할 수 있다.

51) 유사한 취지: 김종성, 앞의 논문, 248면. 김종성은, 모든 국립대학에서 총장직선제를 폐지시키겠다는 방식의 교육부행태에 대해서 정부의 일률적 규제는 개별적 적실성을 담보할 수 없으며, 교육부의 선택적 재정지원을 통한 타율적인 직선제 개선은 대학의 자율성과 자정능력을 저해할 수밖에 없다고 평가하고 있다.

52) 독일 연방헌법재판소는, 1973년 5월 29일 선고한 대학판결(Hochschul-Urteil)에서 '오늘날 경제적 수단 없이는 자연과학을 포함한 다양한 학문영역에서 어떠한 독자적인 연구와 교수도 더 이상 가능할 수 없기 때문에 대학운영의 관점에서 오늘날 국가는 사실상 독점적 지위를 차지하고 있다'고 평가하고, '국가는 인적, 조직적, 재정적 수단을 마련하여 대학을 지원하여야 한다고 하면서 학문, 연구 그리고 교수의 자유를 보장하고 있는 독일 기본법

인하여 대학운영을 책임지는 총장이 학칙과 법령에 위배되게 학칙을 개정한 사안에 대해서 대법원이 법률해석의 기본원칙과 법리를 왜곡하면서까지 합법성을 부여하고 있다고 판단된다. 이 사건 대법원 판결은, 우리 대법원이 국민의 기본권 보장과 국가권력의 통제보다 정부정책의 합법성 확보를 더 중시하였던 개발독재시대의 법원의 역할에서 아직도 벗어나지 못하였음을 나타낸다.[53)]

특히 이 사건 대법원 판결에서 대법원은 오히려 교육부 관료의 입장에 따라 대학의 주체는 교원만이 아니고 직원과 학생들도 마치 교원과 대등한 대학자치의 주체라는 식의 논지를 펼치고 있다.[54)] 이 사건을 담당한 대법관들은 학문의 자유와 대학의 자율권의 존재가치와 헌법적 의미에 대해서 전여 이해하고 있지 못하거나 아니면 대학의 현실에 대한 왜곡된 선입견으로 학문의 자유와 대학의 자율권의 헌법적 의미를 철저히 외면하고 있는 것은 아닌가 하는 의문이 든다. 총장직선제를 비롯하여 국립대학의 운영에 여러 문제점이 있다고 하더라도 그와 같은 문제점은 대학의 자율성을 존중하면서 법치국가원리에 입각하여 이루어져야 한다.

이 사건 대법원 판결은 한편으로는 선행하는 헌법재판소 결정에 대한 검토도 없는 불성실하기 그지없는 판결이고, 다른 한편으로는 대학의 자율성에 관한 헌법정신을 철저히 부정하는 판결이라는 점에서 법원의 신뢰도[55)]

제5조 제3항의 자유를 행사하는 것은 필연적으로 국가의 급부에 대한 참여와 결합되어 있다'고 판시하고 있다. 홍일선 역, 앞의 번역문, 249면 참조. 이와 같은 독일 연방헌법재판소의 판단은 우리나라의 대학제도와 독일의 대학제도 사이에 차이가 있기는 하지만, 적어도 우리나라 국립대학의 현실에서 시사하는 바가 크다.

53) 같은 취지: 오동석, 앞의 논문, 219면 참조.

54) 이런 대법원의 논리는, '외부세력의 간섭을 배제하고 법원을 독립적으로 운영한다는 측면에서는 법원의 또 다른 구성원인 직원도 판사와 함께 사법권 독립의 공동주체가 된다.' 내지는 '사법권 독립의 주체는 사법부의 구성원이며, 따라서 판사뿐만 아니라 외부세력의 간섭을 배제하고 법원을 독립적으로 운영한다는 측면에서는 법원 행정직원도 그 주체가 되어야 하며, 대법원장은 대법원의 일반사무를 관장하며, 대법원의 직원과 각급 법원 및 그 소속 기관의 사법행정사무에 관하여 직원을 지휘·감독할 권한을 가지고 있으므로(법원조직법 제13조 제2항) 법원 행정직원도 대법원장의 선정방법의 결정이나 대법원장의 선정에 참여권이 보장되어야 한다'는 논리와 다를 바 없다.

제고를 위해서나 사회적 갈등과 분쟁의 신속하고 평화적 해결을 위해서도 바람직하지 않다.[56)]

대법원은 상고법원 설치를 주장하면서 상고법원이 필요한 이유의 하나로 대법원이 "사회적으로 중요한 사건들에 대해 가치기준을 제시함으로써 사회적 갈등을 해소하고 통합을 촉진하는 정책법원"으로 기능하여야 한다고 주장한다. 이미 정책법원의 역할을 하고 있는 헌법재판소가 존재하는 상황에서 대법원도 정책법원이 되어야 한다는 논리의 설득력은 차치하고, 대법관들의 이런 저급한 수준의 헌법에 대한 이해와 기본권감수성(Grundrechtsfreundlichkeit)을 가지고서 어떻게 정책법원으로서 위상을 정립하겠다는 것인지 의문스럽다. 대법관들이 낮은 수준의 헌법에 대한 이해도와 기본권감수성을 가지고 있는 상황에서는 대법원이 지향하는 정책법원은 결국 국민의 기본권과 공익이 충돌하는 상황에서 국민의 기본권 보호에 중점을 두는 국민의 권리보호

---

55) 한국형사정책연구원의 2015년 형사사법기관에 대한 국민 신뢰도에 관한 조사에 따르면 법원의 신뢰도는 24.2%에 불과하며 이마저도 경찰의 신뢰도인 24.9%보다 낮은 수준이며, 신뢰하지 않는 지수 역시 법원은 41.6%로 경찰의 36.8%보다 역시 높은 것으로 나타났다. 참고로 검찰의 신뢰지수는 16.6%, 불신지수는 51.8%로 나타났다. 박성훈/최이문/강우예, 형사정책과 사법제도에 관한 평가 연구(Ⅸ), 한국형사정책연구원, 2015, 208면. 그리고 OECD의 「한 눈에 보는 정부 2015(Government at a Glance 2015)」에 따르면 2013년 한국민의 사법제도에 대한 신뢰도는 OECD 평균 54%의 절반에 해당하는 27%로 나와 조사대상 42개국중에서 39위에 이르고, 정부에 대한 신뢰도 34%(OECD 평균 42%)보다 낮다. OECD, OECD의 「한 눈에 보는 정부(Government at a Glance 2015), 171면; OECD, Government at a Glance 2015-Country Fact Sheet-, p.4. 각 종 자료에서 나타나는 사법제도 특히 법원에 대한 국민 불신에 대해서 법원은 왜 국민들로부터 신뢰를 받지 못하는지에 관하여 진지하게 성찰하여야 할 것이다.

56) 이 사건 대법원 판결 선고(2015년 6월 24일) 후 피고 부산대학교 총장은 총장간선제 학칙을 강행하려고 하였고, 이에 대하여 부산대학교 교수회를 중심으로 한 교수들은 이에 반대하는 등의 갈등이 지속되었다. 이런 갈등상황에서 2015년 8월 17일 부산대학교 고현철교수가 '대학과 사회의 민주주의 회복'을 주장하면서 투신, 자살하는 사태가 발생하였다. 이로 인하여 부산대학교 총장이 총장직을 사퇴하고 부산대학교는 학칙을 개정하여 총장직선제로 변경하였고, 직선제로 2015년 11월 17일 총장임용후보자를 선출하였다. 그러나 교육부는 직선제로 뽑힌 총장임용후보자에 대한 임명제청을 거의 6개월간 거부하여 학교의 정상적 운영이 곤란하게 하였고, 부산대학교에 대해서 각종 평가사업에 탈락시켜서 재정적 압박을 가하였다. 2016년 20대 총선에서 여당이 대패하고 특히 부산지역에서 다수의 의석을 상실하자 비로소 대통령은 2016년 5월 13일 부산대학교 총장을 임명하였다.

기관과 권력통제기관으로 기능하기보다는 공익 실현 내지 국가 발전이라는 미명하에 정치권력을 장악한 정부·여당이 추진하는 정책이나 법률을 법문언이 가지는 의미와 법리를 왜곡하면서까지 합법성을 부여하고 정당화하는, 행정부의 시녀로서의 역할을 수행하게 될 위험성이 더 크다고 할 것이다.

[참고문헌]

박성훈/최이문/강우예, 형사정책과 사법제도에 관한 평가 연구(Ⅸ), 한국형사정책연구원, 2015.

김학성, 헌법학원론, 피앤씨미디어, 2015.

성낙인, 헌법학, 법문사, 2015.

전광석, 한국헌법론, 집현재, 2016.

허영, 한국헌법론, 박영사, 2016.

OECD, 「한 눈에 보는 정부(Government at a Glance 2015)」, 2015.

OECD, Government at a Glance 2015 - Country Fact Sheet -, 2015.

강준모, "대학에서의 학문의 자유", 서울교육대학교 논문집 14(1), 1981.

김종성, "국립대학 총장의 선임제도에 관한 연구", 사회과학연구 제24권 제2호, 충남대 사회과학연구소, 2013.

오동석, 대학 자치보장과 정부의 총장임명 제청거부, 인권법연구(한국방송통신대학교 법학과) 제1권, 2015.2..

윤후정, "미국헌법상 학문의 자유(Ⅰ)", 사회과학논집 제3권, 이화여자대학교 법정대학, 1983.

차정인, 국립대학 총장임용후보자 선정제도의 결정권자 - 교육공무원법 제24조 제3의 해석론(대상판결: 대법원 2015. 6. 24. 선고 2013두26408 판결) -, 법학연구 제57권, 부산대학교 법학연구소, 2016.

홍일선 역, 독일 연방헌법재판소 판례번역: 대학판결 - 제1재판부 1973. 5. 29. BVerfGE 35, 79, 한림법학 Forum 18, 한림대학교 법학연구소,

2007. 12.

Fritz Machlup, "On Some Misconceptions Concerning Academic Freedom", Louis Joughin (ed.), *Academic Freedom and Tenure,* Madison: The University of Wiscunsin Press, 1967).

[Abstract]

The Freedom of University and the Meaning of the Article 24 Paragraph 3 of former Public Educational Officials Act
－in reference to the Supreme Court's Decision(2013Doo26408) in June 24th, 2015－

Gyung-Chul Park*

This article deals with the constitutional problem of Supreme Court's Decision(2013Doo26408), which is based on the meaning of the Article 24 Paragraph 3 of former Public Educational Officials Act(ex-PEOA) with reference to the freedom of university.

Article 24 Paragraph 3 of ex-PEOA is as follows: "A recommendation committee shall select a candidate for the head of the relevant university by any of the following means, as prescribed by the relevant university: 1. Selection at the recommendation committee, 2. Selection in accordance with methods and procedures agreed upon by the faculty members of the relevant university."

Supreme Court asserts as follows.

First, Article 24 Paragraph 3 Item 1 of ex-PEOA is indirect election

* Professor, School of Law, Kangwon National University

system for the head of a university, while Article 24 Paragraph 3 Item 2 of ex-PEOA is direct election system for the head of a university by the faculty.

Second, "as prescribed by the relevant university" in Article 24 Paragraph 3 means as prescribed in regulation of the relevant university.

Third, in spite of Article 24 Paragraph 3 Item 2 of ex-PEOA, can the method of selections of the head of a university be changed only in accordance with the regulation of the relevant university, without making process to agree between the faculty members of the relevant university about the methods and procedures of selections of the head of a university and even contrary to the agreement of the faculty members.

This Decision(2013Doo26408) of Supreme Court is contrary to the spirit of the constitutional law, which protects the freedom of university in Article 31 Paragraph 4 Constitution and is contrary to the literal description and the spirit of Article 24 Paragraph 3 Item 2 of ex-PEOA.

And Supreme Court asserts that the subject of the freedom of university belongs not only to the Professors, but also to administrative staffs and students, so that there is no reason that only the faculty of a university can decide to the method of selections of the head of a university.

This Supreme Court's argument can not correspond to the sprite of the freedom of university and the reason of existence of the university, which is built in order to conduct to study and teach the truth and how to find the truth.

[Keywords]
the freedom of university, the subject of the freedom of university, the Article 24 Paragraph 3 of former Public Educational Officials Act, the limitation of the regulation of a university, the right to decide the method of selections of the head of a university, the right to participate in the selectionsprocess of the head of a university.

긴급조치와 국가배상책임

- 대법원판결(2015. 3. 26. 2012다48824)에 대한 법해석방법론 및 헌법적 검토 -

이덕연*

[국문초록]

본 평석은 국가배상책임을 부인한 대법원의 법도그마틱(Rechtsdogmatik)에 초점을 맞추어 판단오류의 법학방법론상 근원과 논증오류의 핵심만을 비판적으로 검토하는데 그친다.

긴급조치 제9호 발령행위가 '공무원의 위법 유책의 직무상 불법행위'에 해당한다고 본 원심의 판단에 '국가배상법 제2조 제1항이 규정하고 있는 국가배상책임의 성립요건에 관한 법리'를 오해한 잘못이 있다고 본 대법원의 판단과 논증을 되새겨보면, 그 핵심논거는 '통치행위론'과 '주관적 책임요소'를 규정하고 있는 현행 국가배상법의 체계를 벗어날 수 없는 법해석방법론상의 한계인 것으로 추측된다. 국가배상법상 건재한 주관적 책임요소, 즉 배

---

* 연세대학교 법학전문대학원 교수

상책임의 성립요건으로 규정된 '공무원'의 '고의' 또는 '과실'의 개념에 대한 해석에 관하여 법문의 한계를 근거로 제시한다면, 왜 문리해석의 방법이 우선되어야만 하는 것인지, 축소해석과 확장해석, 유추해석과 반대해석 등등 논리적 해석의 맥락에서 어떤 방법과 기준이 왜, 우선되어야 하는지, 체계적 해석, 역사적 해석 등 다른 해석방법이 우선되거나 혼용될 수는 없는 것인지에 대해 먼저 해명해야 한다. 또한 '발생사적 해석'의 관점에서도 우리의 국가배상법상 배상책임의 대위책임으로 볼 하등의 필연적인 이유가 없다. 법치국가원리 구현의 핵심제도인 국가책임법제상 국가배상청권구권의 본질은 헌법이론의 차원에서 파악되어야 하는 '헌법문제'임은 물론이거니와, 대법원 판례의 궤적 속에서도 이미 '자기책임'의 기조는 충분히 논의 및 반영되어 왔다고 할 수 있다.

결론적으로, 이미 극복된 지 오래된 법실증주의와 교조적인 개념법학의 방법론에 집착하지 않는 한, 국가배상법의 해석에서 '대위책임'과 주관적 책임요소, 그리고 민법상 불법행위법제의 기조로부터 벗어나는데 장애가 되는 법학방법론이나 법리적 한계는 없다. 대법원의 판단은, 우리의 복합적인 헌정사의 맥락에서 주어지는 '과거청산'과 이를 통한 법적 정의의 회복이라는 역사적 과제를 외면한 것임은 말할 것도 없고, 국가배상책임제도의 기본법리에 대한 오해에 따른 결론으로 여겨진다.

[주제어]
긴급조치에 따른 손해에 대한 국가배상책임, 법해석방법론, 헌법지향적 법률해석, 국가배상청구권의 본질, 국가배상책임의 주관적 책임요소

Ⅰ. 개요 – 문제의 제기

유신헌법 하에서 발령된 대통령의 긴급조치는 '국가배상법에서 정한 공무원의 불법행위로 볼 수 없기 때문에 긴급조치로 체포·구금된 피해자는 국

가배상을 받을 수는 없다'는 취지의 대법원 판결(2015.3.26. 2012다48824: 아래 설시문 참조)과 정반대로 국가의 배상책임을 인정한 1심 판결이 항소심에서 잇따라 뒤집어졌다.

서울고법 민사8부(재판장 여 민숙 부장판사)와 민사34부(재판장 최 규홍 부장판사)는 긴급조치 9호 위반 혐의 등으로 옥고를 치른 뒤 재심에서 무죄가 확정된 송 모씨와 그 가족들이 국가를 상대로 낸 손해배상 청구소송(2015나2053047)과, 긴급조치 9호 위반 혐의 등으로 191일 동안 수감됐다가 재심에서 무죄 판결을 받은 차 모씨와 그 가족들이 낸 손해배상 청구소송(2015나2053016)에서 "유신헌법이 대통령의 헌법수호 의무를 명시하고 있는 만큼, 긴급조치 9호는 명백히 확립된 헌법·법률상의 권리를 침해한 것이 분명하다"는 취지로 국가의 배상책임을 인용한 1심 판결(서울 중앙지법 민사8부: 재판장 김 기영 부장판사)을 취소하고 원고패소 판결했다. 두 재판부 모두 대법원 판결의 취지대로 "사후적으로 법원에서 위헌·무효로 선언됐더라도 유신헌법에 근거한 대통령의 긴급조치권 행사는 고도의 정치성을 띤 국가행위로서 정치적 책임을 질 뿐 국민 개개인에 대한 관계에서 민사상 불법행위를 구성한다고 볼 수 없다"고 밝혔다.

혁명적 전기가 없지는 않았지만, 우리 헌정사는 헌법규범의 차원에서 볼 때, 과거와의 단절을 전제로 새로운 법질서를 창조하는 혁명의 방식이 아니라 단절과 연속의 계기들이 엮여서 점철된 점진적인 민주화의 노정을 밟아왔다. 그렇기 때문에 (헌)법이론의 차원에서 법효력론과 법해석론상 논리적 일관성과 정치철학 또는 도덕적 정합성의 조건을 동시에 충족시키는 해결책을 찾기 어려운 것이 우리의 현실이다. 과거청산의 문제, 특히 국가불법행위의 잔재를 청산하는 문제가 역사적, 정치적 현안에 그치지 아니하고, 법리적 모순을 풀어야 하는 난제로 주어지는 것은 바로 이 때문이다.

만시지탄(?)이지만 헌법재판소(헌재 2013.3.21. 2010헌바70 등 병합)와 대법원(2010.12.16. 2010도5986; 2013. 4. 18.자 2011초기689 전원합의체 결정)이 경쟁하듯이 유신헌법 제53조에 따라 발령되었던 긴급조치에 대하여 위헌·무효를 확인하였지만, 법이론 및 법해석론의 차원에서 충분히 해명되었다고 보기 어렵다. 우선 헌재는 "유신헌법도 그 시행 당시에는 헌법으로서 규범적 효력을 갖고 있었음을 부정할 수 없다"고 전제하지만, 그렇다고 해서 긴급조치를 이미 폐기된 유신헌법을 준거로 하여 위헌 여부를 판단하는 것은 "유신헌법 일부 조항과 긴급조치 등이 기본권을 지나치게 침해하고 자유민주적 기본질서를 훼손하는 데에 대한 반성에 기초하여 헌법 개정을 결단한 주권자인 국민의 의사와 기본권 강화와 확대라는 헌법의 역사성에 반하는 것으로 허용할 수 없다"고 보았다. 반면에 대법원은 긴급조치가 그 발령의 근거인 유신헌법 제53조 자체가 규정하였던 요건 자체를 결여하였을 뿐만 아니라, "민주주의의 본질적 요소이자 유신헌법과 현행 헌법이 규정한 표현의 자유, 영장주의와 신체의 자유, 주거의 자유, 청원권, 학문의 자유를 심각하게 제한함으로써 국민의 기본권을 침해한 것"이므로 위헌·무효라고 판시하여 적어도 유신헌법이 위헌심사의 준거규범으로 배제되지 않는다는 입장을 취했다. 여기에서 상론은 약하되, 헌재가 우리 헌정사의 불연속성, 즉 단절의 측면을 주목하였다고 한다면, 대법원은 상대적으로 연속성을 강조한 것으로 여겨진다. 법철학 및 법이론의 관점에서 보면 정의와 법적 안정성의 원칙에 대한 형량에서 상대적으로 헌재는 정의에, 대법원은 법적 안정성에 더 큰 비중을 둔 것으로 이해된다.

Ⅱ. 대상판결의 요지

기술한 바와 같이, 긴급조치에 따른 손해에 대하여 국가배상책임이 인정되는지 여부의 문제는 그 외연과 내포를 넓고 깊게 보면 당위적인 법의 이상적 차원과 현실적인 법의 실제적 차원 또는 정치와 도덕, 그리고 역사와 연계되는 이른바 '통합적 법학'(integrative jurisprudence)의 전형적인 난제로 파악되지만, 본 평석은 국가배상책임을 부인한 대법원의 법도그마틱(Rechtsdogmatik)에 초점을 맞추어 판단오류의 법학방법론상 근원과 논증오류의 핵심만을 비판적으로 검토하는데 그친다. 난제라는 점을 고려하면 대법원 판결의 설시문은 납득하기 어려울 정도로 요약이 지나치게(?) 간단하기 때문에 그대로 전재한다.

『국가안전과 공공질서의 수호를 위한 대통령긴급조치(이하 '긴급조치 제9호'라고 한다)는 그 발령의 근거가 된 구 대한민국헌법(1980. 10. 27. 헌법 제9호로 전부 개정되기 전의 것, 이하 '유신헌법'이라고 한다) 제53조가 규정하고 있는 요건 자체를 결여하였을 뿐만 아니라, 민주주의의 본질적 요소이자 유신헌법과 현행 헌법이 규정한 표현의 자유, 영장주의와 신체의 자유, 주거의 자유, 청원권, 학문의 자유를 심각하게 제한함으로써 국민의 기본권을 침해한 것이므로 위헌·무효이다(대법원 2013. 4. 18.자 2011초기689 전원합의체 결정 참조). 그러나 긴급조치 제9호가 사후적으로 법원에서 위헌·무효로 선언되었다고 하더라도, 유신헌법에 근거한 대통령의 긴급조치권 행사는 고도의 정치성을 띤 국가행위로서 대통령은 국가긴급권의 행사에 관하여 원칙적으로 국민 전체에 대한 관계에서 정치적 책임을 질 뿐 국민 개개인의 권리에 대응하여 법적 의무를 지는 것은 아니므로, 대통령의 이러한 권력행사가 국민 개개인에 대한 관계에서 민사상 불법행위를 구성한다고는 볼 수 없다(대법원 2008. 5. 29. 선고 2004다33469 판결 참조).』

Ⅲ. 평석

위헌심판의 관할권 문제에 대한 논란은 차치하고, 대법원이 긴급조치를 위헌·무효로 판단한 선례를 재확인하면서도 국가배상책임을 부인하는 핵심 논거는 이른바 '통치행위론'이다. 즉 '고도의 정치성을 띤 국가행위로서 대통령의 국가긴급권의 행사는 원칙적으로 정치적 책임의 대상을 질 뿐 국민 개개인의 권리에 대응하여 법적 의무를 지는 것은 아니므로 민사상 불법행위를 구성하는 것으로 볼 수는 없다'는 논지이다. 또한 동 판결에서 인용하지는 않았지만, 국회의 입법행위와 관련하여 국회의원은 원칙적으로 국민 전체에 대한 관계에서 정치적 책임을 질 뿐, 국민 개개인의 권리에 대응하여 법적 의무 내용이 헌법의 문언에 명백히 위반됨에도 불구하고 국회가 굳이 당해 입법을 한 것과 같은 특수한 경우가 아닌 한 국가배상법 제2조 제1항 소정의 위법행위에 해당된다고 볼 수 없다고 본 선례(대법원 1997. 6. 13. 선고 96다56115 판결 등 참조)도 헌법 제29조 및 국가배상법 제2조 제1항이 규정하고 있는 국가배상책임의 성립요건에 관한 대법원의 법리구성에 반영되었을 것으로 생각된다.

결론부터 말한다면, 긴급조치 제9호 발령행위가 '공무원의 위법 유책의 직무상 불법행위'에 해당한다고 본 원심의 판단에 '국가배상법 제2조 제1항이 규정하고 있는 국가배상책임의 성립요건에 관한 법리'를 오해한 잘못이 있다고 본 대법원의 판단은, 우리의 복합적인 헌정사의 맥락에서 주어지는 '과거청산'과 이를 통한 법적 정의의 회복이라는 역사적 과제를 외면한 것임은 말할 것도 없고, 국가배상책임제도의 기본법리에 대한 오해에 따른 결론으로 여겨진다. 우선, 법의 이중성, 즉 법의 이념적 차원과 현실적 차원의 관계에 대한 법이론적 입장과 그에 따른 법학방법론상의 논의는 차치하더라도, 국가배상책임의 요건에 대한 대법원의 법리는 법이론사 박물관에서나 찾아볼 수 있는 해석론, 말하자면 오로지 '법수학'(Mathematik des Rechts)적인 논리분석의 방법인 이른바 '배타적인 법실증주의'와 그 핵심인 '포섭의 도그마'(Subsumtionsdogma)에 집착하는 이른바 '허수아비의 오류'(straw man fallacy)라는 점을 지적할 수 있다. 더욱이 대법원이 위헌심판관할권을 긍정하는 논거로 스스로 적확하게 판단하고 있는 바, "유신헌법에 근거한 긴급조치는 국회의 입법권 행사라는 실질을 전혀 가지지 못한 것으로서, 헌법재판소의 위헌심판대상이 되는 '법률'에 해당한다고 할 수 없다"(2010.12. 16. 2010도5986)는 점을 떠나서 그 법률적 성격과 지위를 인정한다고 하더라도 긴급조치가 국가배상법 제2조 1항의 위법행위에 해당하는 것으로 보는 법리구성의 가능성은 열려 있다.

긴급조치의 근거인 유신헌법 제53조 제4항이 긴급조치가 사법적 심사의 대상이 될 수 없다고 규정하고 있는 점에서 기술한 '포섭의 도그마'를 벗어나지 않는 한, 긴급조치를 위헌으로 판단한 것이 적어도 이론적 일관성의 요청에 위배되는 것이기는 하거니와, 아무튼 일종의 '법리적 비약'으로 여겨지는 파격의 방법론을 취하여 긴급조치의 위헌성을 확인한 대법원의 기본 입장을 전제하는 경우, 국가배상책임을 부인한 대법원의 법리구성 자체도 '포섭의 도그마' 내에서 조차 논리적 일관성이 결여되어 있다.

우선 이른바 '통치행위'가 사법심사의 대상이 될 수 없다는 법리가 더 이상 유지되지 못하는 것은 재론할 필요도 없거니와, 국가배상청구권의 공법적 본질을 확인하는 전제하에 자기책임론, 공무원의 주관적인 귀책사유를 넘어서는 객관적 책임론, 기관책임론 등 국가책임법리의 큰 흐름을 적시하지 않더라도 대통령의 국가긴급권 행사에 대하여 정치적 책임은 물을 수 있을지언정 국민 개개인에 대한 관계에서 (민사상) 불법행위를 구성한다고는 볼 수 없다는 논증은 납득하기 어렵다. 공무원의 직무상 불법행위에 대한 국가의 책임을 공무원의 지위가 아니라 공무상 기능에 초점을 맞춘 것으로 보는 확립된 법리에 따르면, 국가배상책임의 성립요건인 '공무원'의 범위는 국가책임이 인정되는 범위에 의해 규정되는 것이지(F. Ossenbühl, Staatshaftungsrecht, 1991, 12-13면), 그 반대의 방향에서 설정되지 아니한다. 말하자면 행정작용을 비롯하여 사법 및 입법작용을 포함한 국가의 그 어떤 공적 기능의 영역도 원천적으로 국가배상책임에서 벗어날 수 없다고 보면, 집행공무원, 즉 행정청뿐만 아니라 정부는 물론이고 대통령, 국회 등 대의기관도 '공무원'의 범주에서 포함되는 것으로 보아야 하는 것이다.

Ⅳ. 맺으며

"과거 권위주의 정권 하에서 사법부가 인권의 마지막 보루로서의 역할을 제대로 수행하지 못함으로 인하여 큰 고통을 당한 피고인에게 사법부의 일원으로서 깊이 사과드리고 이 사건 재심판결이 피고인에게 조금이나마 위로가 되고 명예를 회복할 수 있는 계기가 되기를 진심으로 기원합니다." 형보다 나은 아우의 진솔한 자기반성과 위무의 변이다 (서울 중앙지법 제27형사부

2013.5.23. 2011재고합10). 그런데 "입법권 행사라는 실질을 전혀 가지지 못한 긴급조치"라는 대통령의 불법행위에 의해 처벌되었던 피해자가 재심을 통해 무죄가 선고되어도 국가의 배상책임은 인정될 수 없다?...

추가보론 – '헌법지향적 국가배상법해석'의 가능성과 당위성

Ⅰ. 논의 확장 및 심화의 초점과 문제의 제기

위 소론을 발표하기 전에, 김 중권 교수가 긴급조치로 인한 손해에 대하여 국가배상책임을 부인한 대법원 판결(2014.10.27. 2013다217962)과 관련하여 국가배상법상의 주관적 책임요소를 비판적으로 검토한 후, '주관적 책임요소와의 절연'에 대한 숙고의 필요성과 국가배상책임제도의 공법제도로의 자리매김의 당위성을 적확하게 제시한 바 있다[1]. 김 교수의 글을 매개와 단서로 하여 후술하는 바와 같이 본질적으로 그 자체가 '헌법문제'라고 할 수 있는 법해석방법론에 초점을 맞추어 대법원 판결의 위헌성을 확인하는 맥락에서 필자의 평석을 심화 및 확장하여 전개한다.

우선 헌법상 법치국가원리 및 효과적인 기본권보호 또는 구제의 요청을 준거로 제시하며 대위책임구조를 토대로 하는 국가배상 및 국가배상법제, 특히 현행 국가배상법상 주관적 책임요소의 법제체계상 문제점을 지적하고, 국가배상책임제도가 민사불법행위적 기조를 탈피해야 한다는 점을 확인하고 강조한 결론과 다음과 같은 핵심 논지에는 전적으로 의견을 같이 한다.

『법치국가원리는 국가에 대해, 그의 위법한 행위의 결과를 가능한 광범하게 제거할 것과 위법하게 행사된 공권력으로 인해 손해를 입은 국민에게

1) "국가배상책임상 주관적 책임요소와 법치국가원리적 문제점", 법률신문, 2015.10.12., 판례평석, 11면.

효과적인 상당한 손해보전을 행할 것을 명한다(BVerfGE 94, 100(103)). 국가배상책임제도는 법치국가원리와 (재판청구권을 통한) 권리보호보장을 보충하고 구체화한다. 위법한 행위로부터 비롯된 손해는, 행정소송(특히 취소소송)을 통해선 전혀 메워질 수 없거나 단지 국소적으로만 메워질 수 있다. 이런 법체계상의 흠결을 헌법 제29조의 국가배상책임제도가 메운다. 즉, 2차적 권리보호수단으로서의 국가배상책임제도는 1차적 권리보호를 필수적으로 보충한다. 그런데 국가배상법상의 주관적 책임요소의 존재는 행정소송상의 위법성판단과 국가배상법상의 (직무행위의) 위법성판단이 다르게 만들거니와(최근의 예로 대법원 2011.1.27. 선고 2008다30703 판결), 가해공무원의 고의나 과실의 존부가 국가책임인정의 궁극적인 기준이 되게 한다(최근의 예로 대법원 2011.2.24. 선고 2010다83298 판결). 이에 주관적 책임요소의 존재를 법치국가원리적 차원에서 심각하게 문제 삼아야 한다.』

또한 긴급조치의 위헌판단[2]에 대한 김 교수의 입장은 별도로 논의하지 않아 정확하게 어떤 것인지 모르겠지만, '긴급조치와 관련한 사법적 판단과 역사적 판단의 간격', 말하자면 긴급조치를 위헌으로 판단하였음에도 불구하고 제2차적 권리구제의 단계에서 긴급조치 또는 긴급조치의 집행으로 인한 손해에 대하여 국가의 배상책임을 부정하는, 또는 부정할 수밖에 없는 법리적 모순과 한계를 지적하고, 이 간격이 '어떤 식이든' 법치국가원리의 차원에서 메워져야한다고 촉구한 점에 대해서도 이견이 없다.

『국가배상법에 주관적 책임요소가 건재한 이상, 합헌적 법률해석마저도 한계를 지닌다. 현행의 행정구제의 문제점과 미비점은 법치국가원리의 관점에서 늘 성찰하여야 한다. 제도적인 국가책임의 보장인 헌법 제29조 제1항은 입법자가 넘을 수 없는 책임요건과 책임의 최소한의 보장을 포함한다. 판례가 때때로 이해하기 힘든 과실관(過失觀)을 드러내거니와(대법원 1995.7.14. 선고 93다16819판결), 이제는 국가배상법제에서 주관적 책임요소와 절연하는

---

2) 긴급조치를 위헌무효로 선언한 헌법재판소의 결정(2010헌바70)과 대법원의 판결(2010.12.16. 2010도5986)에 대한 평석은 이재희, 유신헌법 제53조와 긴급조치의 위헌심사에 대한 검토, 『헌법재판연구』, 제2권 제1호(2015.6), 295-344면.

문제를 숙고할 필요가 있다. 여전히 지금도 일부 구동독지역에 통용되고 있으며, 과거 서독국가책임법의 모델이 되었던 구동독의 국가책임법(제1조 제1항)은 물론, 스위스 국가배상법(제3조 제1항)은 공무원의 유책성을 요구하지 않는다. 나아가 유럽연합법의 배상책임 역시 그러하다(유럽연합운영방식조약(AEUV) 제340조 제2항). 엄혹한 지난 시절의 결과로써 법학적 형식주의와 정치적 실질주의는 종종 충돌하곤 하는데, 지나간 역사와 현재의 문제 상황에 대해 반복된 물음을 제기하여 법치국가원리적 대응을 마련하여야 한다. 긴급조치와 관련한 사법적 판단과 역사적 판단의 간격은 어떤 식이든 법치국가원리의 차원에서 메워야한다. 그러나 군 정보기관이 법령상의 직무범위를 벗어나 민간인에 관한 정보를 비밀리에 수집·관리한 사건을 민사상의 불법행위 문제로 다룬 대법원 1998.7.24. 선고 96다42789 판결이 보여주듯이, 국가배상책임제도는 공법제도로 확고히 자리매김하지 못하고 있다. 하루바삐 공법제도로서의 본연에 맞춰 국가배상책임제도에서 기왕의 민사불법행위적 기조로부터 벗어나야 한다(상론 김중권, 행정법기본연구 Ⅱ(2009), 151면 이하).

주관적 책임요소를 규정하고 있는 이상, 현행 국가배상법상의 배상책임시스템은 분명 대위책임적 구조이다. 국가배상법의 구체적 법상황이 어떤 시스템의 본질을 파악하는 데 중요한 착안점이긴 해도, 그것이 헌법상의 본질을 전적으로 좌우할 순 없다. 여기서 헌법상의 배상책임시스템이 국가배상법상의 그것과 동일한지 검토가 필요하다. 우리는 1948.7.17.에 시행된 －지금의 제29조와 기본적으로 동일한－ 제헌헌법 제27조가 마련된 다음, 국가배상법이 1951.9.8.에 제정·시행되었다. 국가배상법이 마련되기 전에는 민법의 불법행위론이 주효하였다. 국가배상법제의 형성에서 민법의 불법행위책임에서 출발한 독일과 왕정의 전통에서 국가배상법이 구축된 일본과 다른 역사를 가졌다는 것은 중요한 착안점을 제공하다. 우리의 경우 헌법상의 배상책임구조를 국가배상법상의 대위책임으로 전개할 필연적 이유가 없다. 헌법상의 배상책임의 성질을 독일과는 달리 국가배상법상의 그것과 분리시켜 검토할 수 있다. 따라서 헌법 제29조 제1항상의 불법행위를 고의나 과실이 전제된 위법행위를 의미하는 것으로 주장할 수도 있지만, 이는 명문에 반한다.

헌법학의 문헌에선 헌법상의 국가배상책임시스템이 자기책임이라는 입장이 다수이다. 국가배상에서 헌법이 자기책임적 기조를 지향할 경우, 하위법인 국가배상법의 대위책임적 구조는 조화되지 않는다. 이런 괴리는 당연히 국가배상법에 대해 위헌시비를 야기할 수 있다.』

다만, 여기에서 추가하여 논의하고자 하는 바는 긴급조치와 관련된 국가배상사건에서 배상책임을 부인한 대법원의 판결과 논증이 현행 국가배상법상 불가피한 필연의 법리구성인 것인지, 말하자면 합헌적 법률해석의 원칙 또는 헌법지향적 법률해석의 요청에 부합되는 것인지 여부이다. 헌법학계의 압도적인 다수설이기도 하거니와, 대체로 국가배상책임의 성질을 '자기책임'으로 보는 헌법규정 및 이론의 기조와 적어도 주관적 책임요소를 규정하고 있는 점에서 부정하기 어려운 국가배상법상의 대위책임적 구조가 합치되지 못하고, 이 괴리는 원천적으로 국가배상법에 대한 위헌시비의 소인이 될 수밖에 없다. 문제는 김 교수가 지적하는 바와 같이, 국가배상법상의 주관적 책임의 요소가 '합헌적 법률해석'의 한계로 작용될 수밖에 없는 것인지 여부이다. 좀 더 쟁점을 부각시켜서 달리 말하자면, 추측건대 김 교수가 상정하는 바와 같은 법률개정이나 국가배상법제의 전면적인 개편 등의 법정책적 대응의 필요성은 별론으로 하되, 국가배상책임을 대위책임적 구조로 설정한 국가배상법상의 주관적 책임요소와 절연하고, 현행 국가배상법 규정을 '자기책임'의 기조에 따라 해석, 적용하는 것이 가능한지 여부, 즉 이 법리적 가능성을 취하는 것이 법문의 한계나, 입법취지 또는 목적 등 일반적으로 입법권의 존중이나 권력분립원칙을 근거로 하여 제시되는 '합헌적 법률해석'의 한계를 넘어서는 것인지, 더 나아가서는 일반적인 법해석방법론의 틀을 벗어나는 것인지 여부의 문제이다.

Ⅱ. '헌법지향적 국가배상법해석'의 가능성과 한계

긴급조치가 사후적으로 법원에서 위헌·무효로 선언되었다고 하더라도, 고도의 정치성을 띤 긴급조치와 관련하여 대통령은 원칙적으로 국민 전체에 대한 관계에서 정치적 책임을 질 뿐 국민 개개인의 권리에 대응하여 법적 의무를 지는 것은 아니라는 논거를 제시하면서 대통령의 긴급조치가 국민 개개인에 대한 관계에서 '민사상 불법행위'를 구성한다고는 볼 수는 없고, 따라서 국가배상책임의 요건이 충족될 수 없다고 본 대법원 판결에서 대법원이 어떤 법해석방법론을 취했는지, 어떤 관점에서 다양한 법해석방법론들 중에 어떤 입장을 우선 적용하였는지 또는 어떻게 조합 내지는 종합하여 판단한 것인지에 관해 명확한 설시는 전혀 없다. 헌법재판소와의 관계에서 관할권과 관련한 논란을 감수하면서 또한 전술한 바와 같이 기존의 대법원의 소극적인 입장을 고려하면 전통적인 법해석방법론의 기조를 크게 벗어나는 일종의 '파격'으로도 평가할 수 있는 바, 헌법해석 긴급조치에 대하여 위헌 판결을 내린 대법원의 다분히 전향적인 역사적 관점과 그에 따른 적극주의가 어떤 이유에서 국가배상법의 해석과 적용에서는 반영되지 않은 것인지에 대해서도 명백한 추단의 단서가 찾아지지 않는다.

더욱이 사법심사의 절제가 요구되는 통치행위의 개념을 인정하면서도, 이른바 '한계의 한계'를 강조하는 조심스럽지만 확고한 대법원의 의견, 즉 "과도한 사법심사의 자제가 기본권을 보장하고 법치주의 이념을 구현하여야 할 법원의 책무를 태만히 하거나 포기하는 것이 되지 않도록 그 인정을 지극히 신중하게 하여야 한다"고 본 입장을 고려하건대, 이러한 취지가 국가배상법의 해석에는 반영될 수 없었던 배경과 이유가 궁금할 수밖에 없다.

다만, 기술한 바와 같이, 대통령의 긴급조치가 사후에 위헌으로 결정되었다고 하더라도 긴급조치와 관련하여 대통령의 정치적 책임은 물을 수 있지만, 국민 개개인의 권리에 대응하여 법적 의무를 지는 것이 아닌 점에서 긴급조치가 '민사상 불법행위'를 구성하지 아니한다고 본 대법원의 판단과 논증을 되새겨보면(2004. 3. 26. 선고 2003도7878; 2010.12.16. 2010도5986), 그 핵심논거는 '주관적 책임요소'를 규정하고 있는 현행 국가배상법의 체계를 벗어날 수 없는 법해석방법론상의 한계인 것으로 추측된다. 앞에서 전재한 글에서 김 교수도 토로한 바와 같이, 국가배상책임의 대위책임적 구조와 국가배상법상 건재하는 주관적 책임요소를 부정하지 않는 한 – 동법 자체에 대한 위헌론을 별론으로 하더라도 – '합헌적 법률해석'의 가능성은 법문과 입법목적상의 한계에 따라 배제된다고 보는 헌법적 판단도 작용되었을 것으로 생각된다.

다음에서 검토하고자 하는 것은 체계적으로 보면 크게 두 가지 내용으로 대별된다. 첫째는, 설시문의 행간에서 읽어낸 것이기는 하되, 대법원이 취했을 것으로 추측되는 이른바 '포섭의 도그마'를 토대로 하는 전통적인 '개념법학'의 법해석방법론의 범주를 벗어나지 않는 한 긴급조치에 대한 위헌판단에 적어도 간접적으로라도 적잖은 영향을 미쳤을 것으로 생각되는 전향적인 역사적 관점을 이어나가는 동시에 법치국가원리와 효과인 권리구제의 요청에 부응하는 '헌법지향적 법률해석'의 가능성은 배제될 수밖에 없는 것인지 여부에 대한 비판적인 검토이다.

결론부터 말하자면, 목적의 정당성이 모든 수단을 정당화하는 것이 아니거니와, 무리의 작위적인 방법이 아니더라도 '긴급조치와 관련한 사법적 판단과 역사적 판단의 간격을 어떤 식이든 법치국가원리의 차원에서 메워야만 한다'는 당연한 요청에 부응할 수 있는 법리의 공간이 없지 않다고 보지만, 설령 그렇지 않다면 또는 적어도 상당 부분 한계가 없을 수 없다고 한다면 일단 그 잠정적인 결론은 국가배상법의 '법률의 흠결'[3]에 대한 확인이

3) 어의상 일종의 불완전성을 암시하는 '흠결'은 그 자체에 대하여 특정한 실질적 징표가 존재하는 것이 아니고 어떤 구상이나 계획 또는 그 속에 내포된 의도의 완전상태를 상정할 수 있는 조건 하에만 사용될 수 있는 일종의 '관계개념'이다. 이에 관해서는 심헌섭, "법철학적 법학방법론–법철학과 합리적 법학방법–", 『법학』, 제24권 제1호, 서울대학교 법학연구소, 1983, 11면. '법률의 흠결'도 어떤 법률이 특정 사태(영역)에 대한 완벽한 규율을 추구하거나 또는 그러한 것으로 상정할 수 있는 경우에 그 기대상태에 미치지 못하여 부각되는 '상대적 불완전성'으로 이해된다. 보편적인 용례라고 할 수는 없지만, Larenz에 따르면 '법률의 흠결'은 개별 규범 차원의 흠결과 총체적인 법률 차원의 흠결 두 가지로 대별된다. 특정한 법률에 규정을 추가하거나 개정하지 않고서는 당해 법률규범 자체가 적용

될 것이고, 그렇다면 대법원이 취한 전통적인 법해석방법의 타당성 자체에 대한 법학방법론적 차원의 비판적인 검토와 함께 법관의 법형성을 통한 '흠결'의 보정의 가능성과 한계를 탐색하는 것이 과제로 남게 된다. 긍정적인 입장을 전제하되, 이 글에서 별도로 상론하지는 못하는, 다분히 이데올로기적 비판의 성격을 띠게 되는 이 두 번째 꼭지의 검토 결과에 대해서조차 부정적인 입장을 취하는 경우라면 국가배상법의 개정만이 유일한 해결책일 것이다. 궁극적으로는 법개정을 통해 흠결을 해소하는 것이 필수적이고 바람직하다고 보는 입장이지만, 법 및 법관의 역할과 기능에 대한 문제인식의 지평을 조금만 넓히고, 그에 따라 법해석방법론에 대한 전향적인 성찰의 계기가 마련된다면 현행 국가배상법 하에서라도 그 흠결을 보정할 수 있는 법리적 공간을 열려 있고, 이 가능성을 살려나가는 것은 헌법의 요청이고 주문이다.

Ⅲ. 법해석방법론상 비판적 검토

헌법이론적 논의는 별론으로 하더라도[4], 유신헌법 하에서 합헌적으로 발령되어 규범적 효력을 갖고 시행되었던 긴급조치를 사후에 위헌으로 결정하여 무효화하였다면, 긴급조치로 인한 손해를 기능한 한 최대한 보전해주어

될 수 없는 경우, 즉 개별 법률에 불완전성이 내재되어 있는 '규범흠결'(Normlücke)이 전자의 경우이고, 반면에 후자의 경우는 기본적인 규율의 구상과 의도상 규율이 필요함에도 불구하고 규정 자체가 존재하지 않아서 규율 또는 규율체계의 전체가 불완전한 '법률흠결'(Gesetzeslücke) 또는 '규율흠결' (Regelungslücke)에 해당된다. 이에 관한 상론은 임미원, "법관의 법형성에 관한 일고찰－<구 조세감면규제법> 한정위헌결정과 관련하여－", 『공법연구』 제41집 제1호, 2012, 175-178면. 보다 깊고 상세한 논의가 선행되어야 하는 것이기도 하거니와, 본고의 맥락에서 관심의 대상인 국가배상법의 흠결의 경우 어떤 유형에 해당하는 것으로 볼 것인가의 문제 자체가 법관의 법형성을 통한 보완의 가능성과 한계라는 핵심쟁점에 대한 논의의 결론에 따라 정해지는 것이기 때문에 여기에서는 일단 명확한 개념정의를 유보하고 '법률의 흠결'이라는 용어를 사용한다.

4) 이에 관한 상론은 이재희, 앞의 논문.

야 하는 것은 헌법상 법치국가원리에 따른 당연한 요청이다. 불법행위의 예방 또는 그 해제 자체에 초점을 맞춘 제1차적 권리구제수단과 불법행위로 인해 침해된 권리구제에 초점을 맞춘 제2차적 권리구제수단으로 합성된 효과적인 권리보호 및 구제제도는 원칙적으로 일관의 연계체계로 운용되어야만 한다.

또한 일차적으로 불법행위성이 확인된 경우 그로 인한 손해를 구체적으로 어떤 기준과 방식으로, 어떤 범위 또는 수준에서 보전해주어야 하는가는 원칙적으로 입법정책적인 결단에 맡겨져 있는 것이기는 하되, 다만 가능한 한 불법행위가 없었다면 지속되었을 법 및 권리의 원상태의 회복이라는 규범적 요청은 구속력 있는 헌법적 지침으로 존중되어야 한다. 이 지침은 일차적으로는 국가책임법제와 관련된 입법형성의 자유에 대하여 제약인 동시에, 법원에게는 '헌법지향적 법률해석'을 통한 법형성의 권한과 함께 의무를 부여하는 근거가 된다.

전술한 바와 같이, 대법원이 판단한 대로 대위책임의 틀 속에서 고의 또는 과실이라는 주관적 책임요소를 규정하고 있는 현행 국가배상법상 긴급조치의 위헌불법성이 확인되었음에도 불구하고 대통령의 고의 또는 과실이라는 주관적인 책임요건이 충족되지 않기 때문에 배상책임이 인정될 수 없다고 한다면, 이는 위에서 언급한 '연계원칙'에 대한 예외에 해당한다. 이 예외를 선택한 입법자의 결단이 각별한 사유에 의해 정당화될 수 없다면 그것은 헌법적 지침에 위반되는 '법률의 흠결'을 구체적으로 표출 및 확인시켜주는 분명한 예증이 될 것이다. 불법국가의 잔재정리와 과거청산을 통한 정의회복 등 당위적인 역사적 관점에서든, 법치국가원리에 따른 효과적인 권리구제의 요청이든 원칙의 엄격한 적용에 대한 법리적, 역사적, 현실적, 역사적 근거와 이유는 충분하고 명백한데, 예외의 선택 또는 그에 따른 법체제의 지속을 정당화할 수 있는 근거나 입법자가 고려하였을 것으로 생각되는 이유는 쉽게 상정되지 않는다. 그렇다면 결국 현행 국가배상법도 헌정사적 과제나 법치국가의 지속가능한 운영에 필수불가결한 정의이념 및 그 실현수단인 법에 대한 신뢰 등 다양한 관점에서 특수한 경우이기는 하되, 법리적인 관점에서 보면 입법자가 (제대로) 고려하지 못한 사태의 출현이나 또는 예상하지 못한 상황변화로 인해 야기되는 일반적인 '법률의 흠결'의 한 예일 뿐이다.

관심의 초점은 결국 현행 국가배상법에 대한 헌법지향적 해석과 적용, 즉 법관의 법형성을 통한 이 '법률의 흠결' 보완의 가능성과 한계에 모아진다. 전술한 바와 같이, 명시적으로 설시된 것은 없지만, 대법원이 취한 것으로 추측되는 이른바 '판덱텐 법학' 또는 '개념법학'의 틀 속에 안주하는 '포섭의 도그마'[5]와 이를 토대로 하는 전통적인 연역적 추론의 법해석방법, 굳이 예시하자면 각각 유리된 순차적인 단계로 전제되는 대전제(법개념의 해석), 소전제(사태파악), 포섭(Subsumtion)으로 구성되는 3단계론, 그리고 사태파악의 단계와는 유리된 독립된 대전제의 제1단계, 즉 법률규정의 해석, 말하자면 개념의 의미를 '발견'해내는 가치중립적이고 기술적인 분석적 방법으로서 Savigny류의 4단계 또는 7단계론의 정형화된 방법론을 벗어나지 않고서는 흠결을 보정할 수 있는 법형성의 가능성은 없는 것인지 여부가 우선 검토과제로 주어진다.

다만, 앞에서 전재한 평석문이 '포섭의 도그마'의 지양과 '개념법학'의 극복에 방점을 찍은 것이기는 하지만 바로 이 논점과 관련해서도 긍정적인 입장을 전제하면서 가능한 법리구성의 단서들을 제시한 것인 바, 여기에서는 동일한 연장선상에서 고려되어야 하는 단서를 몇 가지 추가하는 것으로 논의를 갈음한다.

우선 관건은 국가배상법상 건재한 주관적 책임요소, 즉 배상책임의 성립요건으로 규정된 '공무원'의 '고의' 또는 '과실'의 개념에 해석방법론상의 여지 또는 한계이다. 동 판결에서 대법원이 고도의 정치성을 주목하면서 '통치행위'로서 긴급조치의 본질과 특성을 강조한 것도 궁극적으로는 '공무원'으로서 대통령 개인의 고의 또는 과실 등 주관적인 책임요건이 성립되지 않는다는 점에 대한 논거로 이해된다. 하지만, 적어도 이미 극복된 지 오래된

5) '포섭도그마'의 내용과 방법론적 오류에 대한 상론은 졸고, "탈 '포섭도그마'의 법인식작업과 법관의 법감정", 언어권력으로서 사법권과 헌법, 2014, 31-37면.

기호분석적 기조의 개념법학을 고집한다면 몰라도, 그렇지 않다면 말 그대로 자연인 개인의 단위 또는 차원에서 '공무원'의 개념을 해석하고, '고의'와 '과실'의 책임요건을 심리학적 관점에서 자율적인 판단 및 그 가능성에 초점을 맞추어 윤리적 책임을 물을 수 있는 실증적인 근거, 즉 주관적인 심리상태로만 이해하고 판단하는 것은 어떤 방법론으로도 정당화될 수 없다. 적어도 획일적으로 그리하면 그렇다. 주지하는 바와 같이, 법문이 그대로 유지되는 상황 속에서 과실요건과 관련하여 이른바 '주관설'이 극복되고, '객관설'을 거쳐서 사실상 무과실책임에 근접하는 '조직과실' 또는 '기관과실'에 이르기까지 도그마틱이 발전되어 온 것만으로도 바로 이 점에 대한 반증으로 충분하다.

또한 국가배상법 입법 당시에 입법자가 고려한 규율 대상은 이른바 '권력적 사실행위'와 같이 공무원이 실무적인 법집행의 과정에서 불법행위로 손해를 끼치는 사태에 국한된 것이었다. 설령 문리해석의 한계, 즉 법문의 한계를 반론의 근거로 제시한다면, 왜 문리해석의 방법이 우선되어야만 하는 것인지, 축소해석과 확장해석, 유추해석과 반대해석 등등 논리적 해석의 맥락에서 어떤 방법과 기준이 왜, 우선되어야 하는지, 체계적 해석, 역사적 해석 등 다른 해석방법이 우선되거나 혼용될 수는 없는 것인지에 대해 먼저 해명해야 한다. '법의 발견'이 아니라 '법의 확보'(Rechtsgewinnung)와 '결정책임'(Entscheidungsverantwortung)의 명제를 제시하는 M. Kriele가 확언하는 바와 같이, 법학방법론이 지향하는 합리성과 전문성은 왜, 어떤 단계의 해석방법이 우선 적용되어야 하는지 또한 어떤 해석의 관점과 기준이 우선되는지에 대해 답을 찾는 고민의 과정에서 요구되기 때문이다[6]. '발견'의 작업에 그치는 것이 아니라 '정당화'의 작업인 모든 법적 결정에 법치국가적 합리성과 통제가능성의 요청이 내재되어 있다고 한다면, 최고의 유권법해석기관인 대법원에 방법론상 정당화의 충실한 해명을 요구하는 것은 당연하다. 이 요구를 외면하거나 답을 제시하지 못한다면 그것은 '소통윤리'의 미흡함이나

6) Theorie der Rechtsgewinnung, 2. Aufl.,1976, 314-315면.

‘오만과 편견’의 교조적인 태도 또는 법학방법론에 대한 무지나 무관심 외에는 다른 이유가 있을 수 없을 것이다[7]. 형사판례이기는 하지만 다음 대법원의 설시문을 보면 적어도 후자의 경우는 아닐 것으로 생각된다.

『법률을 해석·적용함에 있어서는 법률규정의 문언의 어의(語義)에 충실하게 해석하여야 함이 원칙임은 말할 것도 없다. 그러나 법률 제정 당시에 입법자가 전혀 예상하지 못하였기 때문에 법률로 규정되지 않았거나 불충분하게 규정된 경우가 있을 수 있고, 이 경우에도 법원은 재판을 하지 않으면 아니 되므로 법원의 법형성적 활동이 개입될 수밖에 없다. 뿐만 아니라 법률에 명문의 규정이 있는 경우에도 시대가 바뀌고 사회가 달라짐에 따라 법과 실제 생활과의 사이에 불가피하게 간격이 생길 수 있으며, 이 때에 만일 명문규정의 엄격한 적용만을 고집한다면 그것은 법적 안정성이 유지될지는 모르나 사회생활의 유동·발전에 대한 적응성을 결여하는 중대한 결함이 생길 수 있으므로 이를 실제 생활에 부합하게 해석할 사회적 필요가 생기게 된다. 이와 같은 경우 법원은 형식적인 자구 해석에 얽매일 것이 아니라 그 법이 구현하고자 하는 입법정신이 무엇인가를 헤아려서 그 입법정신을 실현하는 방향으로 법의 의미를 부여하여야 하며 그 실현을 위하여 필요한 한도 내에서 명문규정의 의미를 확대해석하거나 또는 축소·제한해석을 함으로써 실질적인 법형성적 기능을 발휘하여야 할 것이다. 일반적으로 모든 법은 법규정의 본질을 바꾸는 정도의 것이 아닌 한도에서 이를 합리적으로 해석함

7) 이러한 지적은 다음에 전재하는 바와 같이 결론적으로 국가배상책임을 인용하기는 하였지만, ‘명백한 헌법의 문언 위배’와 ‘대통령의 헌법수호의무 위반’ 등을 지적하면서 대통령의 고의 내지는 과실을 인정한 원심판결에도 그대로 해당된다. 주관적 책임요소와 절연하지 못한 점에서 대법원의 입장과 다르지 않거니와, 그럼에도 불구하고 대통령의 책임을 인정하게 된 법해석방법의 해명은 전혀 없기 때문이다. 『긴급조치 제9호는 그 발동 요건을 갖추지 못한 채 목적상 한계를 벗어나 국민의 자유와 권리를 지나치게 제한함으로써 헌법상 보장된 국민의 기본권을 침해하고 헌법상의 기본질서인 자유민주적 기본질서에도 반하는 것이어서, 유신헌법에 의하더라도 그 내용이 헌법의 문언에 명백히 위반된다고 할 것이므로, 대통령이 긴급조치 제9호를 발령한 행위는 대통령의 헌법수호의무를 위반한 것으로서, 긴급조치 제9호를 발령한 대통령에게 고의 내지 과실이 인정된다.』(대전지법 2012.5.3. 2012나974)

으로써 뒤쳐진 법률을 앞서가는 사회현상에 적응시키는 일방 입법기관에 대하여 법률의 개정 등을 촉구하는 것은 법원의 임무에 속하는 일이라 할 것이고, 그 뒤쳐진 법규정의 재래적 해석·적용이 부당한 결과를 초래한다는 것을 알면서도 법률 개정이라는 입법기관의 조치가 있을 때까지는 이를 그대로 따를 수밖에 없다고 체념해 버리는 것은 온당치 않은 태도라고 할 것이다.』8)

1980년 이른바 신군부에 의해 자행된 이른바 '언론통폐합조치'에 따라 강제로 폐업 및 국유화된 동아방송과 관련한 헌법소원심판사건에서 제시된 소수반대의견의 설시도 같은 맥락에서 주목된다.

『민법과 같은 사법(私法)은 대등한(혹은 대등할 수 있는) 당사자 사이에 적용되는 법률인데 이 사건의 경우에는 국가가 개인과 대등한 지위에서 법률행위를 한 것이 아니고 오히려 헌정중단사태를 빌미로 그 공권력을 무제한으로 증폭하여 사용한 경우이므로, 평범한 개인이 국가와 대등한 지위에 있었다고는 도저히 말할 수 없는 상황이었다. 이러한 상황에 대하여는 그에 딱 들어맞는 실정법규정이 없어 구제가 불가능하다고 재판부가 보기 쉽다. 그러므로 이를 해결하기 위하여는 의사표시이론의 보편적인 법원칙(자유 없는 의사의 무효)을 재확인하여 이를 이 상황에 적용하는 결단이 필요하지만 이것이 실제로는 어려웠던 것이다. 또한 이와 같은 재산권의 귀속변동을 집행한 공무원의 행위는 법률에 근거한 것이 아니라는 점에서 비록 위법하긴 하지만 당해 공무원이 개인적 차원에서 고의나 과실로 법집행을 잘못한 경우가 아니고 정부가 결정한 정책의 집행을 담당한 것에 해당하여 대등한 관계에서 고의나 과실로 벌어진 불법행위와는 차이가 있는 것이므로 이러한 차이를 극복하고 이를 통상의 불법행위와 동일시하여 민법이나 국가배상법을 제대로 적용하려면, 제척기간의 적용이 배제되어야 하는 사유 또는 시효의 진행이 마땅히 정지되어야 하는 사유가, 제척기간이나 시효기간에 관한 실정법규정들의 배후에, 선험적으로 전제되어 있음을 밝혀내는, 역시 새로운 법발

8) 대법원 1978. 4. 25. 선고 78도246 전원합의체 판결. 대법관 이돈희, 신성택, 이용훈의 다수의견에 대한 보충의견.

견적(法發見的) 해석이 요구되었던 것이다.』[9)]

또한 국가배상책임의 제정 당시에 주관적 책임요소를 규정한 것은 국가배상책임을 대위책임으로 본 법(이론) 및 현실상황과 연계되는 것인 바, 주관적 책임요소와 절연하거나 또는 적어도 부분적으로 수정하는 해석조차 할 수 없는 이유로 현행 국가배상법의 대위책임적 기조를 제시하는 것도 설득력이 없다. 우리가 계수한 독일 중심의 대륙법계에서 국가배상책임을 대위책임으로 이해한 것은 원래 근대 입헌국가의 정착시기에 '국가무책임사상'을 극복하고 국가책임법제를 마련하면서 군주무오류설의 잔재로 남았던 주권자무오류설의 기조를 단숨에 뛰어넘을 수 없는 상황에서 나름 선택가능한 법리구성을 위한 것이었다. 오래 지속되었기는 했지만, 민법상의 불법행위법제를 원용 및 준용한 것도 행정(구제, 소송)법의 미비와 이론체계의 미성숙에 따른 것일 뿐 국가책임법상 공무원의 불법행위와 그에 따른 손해배상책임을 민사상 불법행위가 본질적으로 동일한 것으로 본 것은 아니었다. 더욱이 앞에서 전재 인용한 바, 김 중권 교수가 지적하는 바와 같이, 우리의 국가배상법제가 민법의 불법행위책임에서 출발한 독일이나 왕정의 전통에서 국가배상법제가 마련된 일본과는 다른 역사를 가졌다는 점도 '발생사적 해석'의 관점에서 중요한 단서를 제공하다. 요컨대, 우리의 국가배상법상 배상책임의 대위책임으로 볼 하등의 필연적인 이유가 없는 것이다.

헌법지향적 법률해석이 체계적 해석방법의 일환이라고 한다면, 그렇다면 국가배상청구권을 규정하고 있는 현행 헌법 제29조와 대강이 다르지 않은 제헌헌법 제27조가 규정된 이후인, 1951.9.8.에야 국가배상법이 제정되었던 입법사를 논외로 하더라도, '공무원의 불법행위'로 인한 손해를 '국가'에 배상을 청구할 수 있다고 규정하여 고의나 과실 등 주관적인 책임요소는 명시적으로 규정되지 아니한 점을 고려하면 대위책임기조를 탈피한 국가배상법의 해석은 법리적으로 가능한 것인 동시에 헌법의 요청에 부응하는 것이기도 하다. 이른바 '물론해석'의 이견도 있을 수 있지만, '반대해석'의 관점

---

9) 헌재 2003.3.27. 2001헌마116, 헌재판례집 15-1, 313면.

에서 보면 대위책임의 구조를 전제하는 경우에는 상정하기 어려운 단서 조항의 형식으로 '공무원 자신의 책임이 면제되지 아니한다'고 규정한 것도 '체계적 해석'의 결론도 자기책임의 기조일 수밖에 없다는 점에 힘을 실어 준다.

더욱이 법치국가원리 구현의 핵심제도인 국가책임법제상 국가배상청구권의 본질은 헌법이론의 차원에서 파악되어야 하는 '헌법문제'임은 물론이거니와, 헌법학계의 압도적인 다수설이 줄곧 '자기책임설'의 기조를 유지하면서 국가배상청구권과 국가배상법을 공법적 법제로 보아 온 점을 차치하더라도[10], 여전히 논란이 계속되고 있기는 하지만, 이른바 '선택적 청구권'의 인정 여부와 관련하여 행정법학계의 다양한 논의와 치열한 토론을 거쳐 현재 절충설의 입장으로 정리되어 있는 대법원 판례의 궤적[11] 속에서도 이미 '자기책임'의 기조는 충분히 논의 및 반영되어 왔다고 할 수 있다. 다분히 실무상 권리구제의 편의성이나 구상권에 초점을 맞춘 것으로 여겨지는 절충설의 대위책임적 기조는 재고되어야 한다.

결론적으로, 이미 극복된 지 오래된 법실증주의와 교조적인 개념법학의 방법론에 집착하지 않는 한, 국가배상법의 해석에서 '대위책임'과 주관적 책임요소, 그리고 민법상 불법행위법제의 기조로부터 벗어나는데 장애가 되는 법학방법론이나 법리적 한계는 없다. 법이론이나 법체계상 합리적인 근거와 이유에 따라 정해진 것이 아님에도 불구하고, 행정법원이 부재하던 상황과 엇물린 법원조직상 실무적이고 기술적인 이유, 그리고 여전히 지속되고 있지만 당사자소송이 활성화되지 못한 행정소송법 및 현실상황 등 다양한 이유로 국가배상사건을 민사사건으로 다루어 온 오랜 관행이 법해석방법론의 외피를 쓰고 국가배상법을 공법으로 자리매김하고 주관적 책임요소와 절연하는 '헌법지향적 국가배상법해석'에 허구의 족쇄로 작용하는 것은 아닌지 짐작해본다.

실무상 헌법소원심판 또는 한정위헌심판의 청구 및 승소의 가능성은 별

10) 대표적으로 허영, 한국헌법론, 박영사, 2016, 627-629면; 한수웅, 헌법학, 법문사, 2016, 939-940면.

11) 대법원 1972.10.10. 69다701; 1994.4.12. 93다11807; 1996.2.15. 95다38677.

론으로 하더라도, 위헌무효로 선언된 긴급조치로 인한 손해에 대하여 이른바 '통치행위론'과 연계하여 대통령의 주관적 책임요건이 충족되지 아니한다는 논거로 국가의 배상책임을 부인한 대법원의 판결은 위헌이다. 헌법적 요청인 법학방법론상 정당화해명을 해태한 점, 법치국가원리에 위배되는 점, 그리고 효과적인 권리구제의 요청에 부응하지 못하는 '위헌적 법률해석'을 한 점에서 그렇다.

[참고문헌]

김중권, "국가배상책임상 주관적 책임요소와 법치국가원리적 문제점", 법률신문, 2015.10.12., 판례평석.

심헌섭, "법철학적 법학방법론－법철학과 합리적 법학방법－", 『법학』, 제24권 제1호, 서울대학교 법학연구소, 1983.

이덕연, "탈 '포섭도그마'의 법인식작업과 법관의 법감정", 언어권력으로서 사법권과 헌법, 2014.

이재희, 유신헌법 제53조와 긴급조치의 위헌심사에 대한 검토, 『헌법재판연구』, 제2권 제1호(2105.6).

임미원, "법관의 법형성에 관한 일고찰－<구 조세감면규제법> 한정위헌결정과 관련하여－", 『공법연구』 제41집 제1호, 2012.

한수웅, 헌법학, 법문사, 2016.

허영, 한국헌법론, 박영사, 2016.

M. Kriele, Theorie der Rechtsgewinnung, 2. Aufl.,1976.

[Abstract]

The Urgent Measures and The State Compensation Responsibility – Methodology of Law Interpretation and Constitutional Review for Supreme Court's Judgment on the Urgent Measures

Duk Yeon Lee*

The Supreme court adjudicated that victim to be confined and arrested by The Urgent Measures can't be compensated by The State Compensation Act because the urgent measures of the President according to "Yushin Constitution" can't accept as tort of civil servant. The Supreme court's principal argument is assumed "Political Question" and limit by methodology of law interpretation which can't stray out of the State Compensation Act system to regulate "subjective responsibility elements".

If the Supreme court suggest the limit in accordance with the letter of the law as basis of judgment, he has to explain why grammatical interpretation must take priority over any other interpretation method. The State Compensation Responsibility institution is core institution to realize rule of law principle. So the essence of the State Compensation claim has to be grasped in dimension of constitutional theory. Therefore it is constitutional issue. Many supreme court case discussed and reflected "the self responsibility" sufficiently too.

In conclusion, there is no methodology of law interpretation or limit of legal principles to be obstacle to stray out of "subjective responsibility elements" on the interpretation of the State Compensation Act, if it does not cling to legal positivism and methodology of doctrinaire conceptual jurisprudence to be overcome already. The Supreme court's decision is considered the conclusion to misunderstand basic legal principles the state compensation responsibility institution.

---

* Professor, Yonsei Law School

[Keywords]
the state compensation responsibility to the damage by the Urgent Measures, methodology of law interpretation, constitution-oriented interpretation of the law, essence of the State Compensation claim, subjective responsibility elements of the State Compensation responsibility

단결권 보장과 판례법리의 비판적 검토

송강직*

[국문초록]

「노동조합 및 노동관계조정법」상의 근로자 개념과 「근로기준법」상의 근로자 개념은 상호 별개로 접근할 필요가 있다. 「노동조합 및 노동관계조정법」상의 근로자 개념은 일본에서와 같이 노동조합 결성 자체는 헌법상 단결권 보장의 관점에서 폭 넓게 인정을 하여야 한다. 다만 단체교섭 등과 관련한 부당노동행위 구제신청과 같은 행정적 서비스를 제공받기 위한 자격 여부에 대한 심사, 예컨대 부당노동행위구제신청 등을 위한 신청자격 여부와의 관계에서 일정한 자격심사 절차를 거치는 것은 가능할 것이다.

단결권 보장은 결사의 자유의 연장선상에서 논의되어야 할 기본권으로서 이에 대한 제한은 원칙적으로 허용될 수 없다고 하겠다. 이러한 관점에서 보면 교원의 경우에도 입법적으로 현직 교원에 한정하여 노동조합 결성 등을 보장하는 것은 기본적으로 단결권 보장과 양립할 수 없는 접근방법이며, 입법 개정이 필요한 부분이라고 하겠다. 나아가 그 외연을 확대하면 특수고용형태 노무 종사자에 대한 단결권 금지와 관련한 논쟁도 불필요한 논

* 동아대학교 법학전문대학원 교수

쟁만 불러일으키는 것으로서 단체교섭권 등의 보장은 별론으로 하더라도 그들 스스로의 선택에 의한 단결권 행사 자체는 보장되어야 한다는 것이다. 특수고용형태 노무 종사자에 대한 단결권 금지의 문제는 골프장 경기보조원에 한정하여 단결권을 인정한다고 하여 논쟁을 끝낼 수 없는 것이다.

[주제어]
결사의 자유, 기업별 노동조합, 자영업자, 일시적 실업자, 기본권

Ⅰ. 서설

우리나라 법헌 제33조 제1항은 이른바 근로자에 한하여 단결권·단체교섭권·단체행동권이라는 노동기본권을 보장하고 있다. 여기에는 공무원 및 주요방위산업체에 종사하는 일정한 자의 노동기본권 보장에 대한 일부 유보적인 근거규정을 두고 있는 것도 포함되어 있다.

법해석학적으로 볼 때에 헌법상 보장되는 노동기본권의 의미는 지대한 것이며, 동시에 그러한 의미를 갖게 하여야 한다고 생각한다. 일본국 헌법 제9조의 이른바 평화조항과 관련한 미일 안보조약, 재무장 등은 오랜 세월에 걸쳐 논의되어 오고 있는 것은 잘 알려져 있다. 하나의 사업 또는 사업 내에서의 복수노동조합 존재 시에 단체교섭창구 단일화제도를 도입하는 문제에 있어서도 우리나라는 교섭창구단일화 제도를 도입하였지만, 일본의 경우에는 소수 노동조합과 다수노동조합 상호 간의 단결권 평등이라는 헌법상 단결권 해석론에서 이러한 교섭창구단일화 논의는 일부 학자들을 제외하고는 논의의 대상조차 될 수 없는 해석론이 지배하고 있고, 실제로 제도 도입 등을 위한 입법론적 논의는 전무하다는 점에서도 노동기본권의 해석론에서 양국 사이에는 극명한 차이를 보인다.[1)]

---

1) 복수노동조합하의 일본의 단체교섭창구단일화 제도에 대한 위헌성을 단언한 것으로, 西谷

그런데 노동기본권의 실현면에서 우리나라 노동기본권 보장은 과연 어떠한 상황에 놓여있는가. 필자는 평소 노동기본권의 헌법적 가치, 그에 따른 구체적인 실현을 위한 법해석학적 방향에 있어서 헌법재판소, 대법원에 의한 해석론에 대하여 비판적인 생각을 갖고 있다.[2)]

본고는 이러한 노동기본권에 대한 판례법리 가운데 논점의 명확화 및 지면 등을 고려하여 단결권의 주체와 관련된 근로자 개념, 특수형태 노무종사자들의 근로자성과 관련한 현행 입법 및 대법원 판례법리에 대하여 이를 비판적으로 고찰하는 것에 그 목적을 두고자 한다.

敏, "日本における団体交渉権の性格と交渉代表", 노동법논총 제19집, 한국비교노동법학회, 2010, 97면. 따라서 일반적으로 복수노동조합하의 교섭대표노동조합의 공정대표의무논의 또한 오로지 특정노동조합과 당해 노동조합의 조합원과의 사이에서만 문제된다(根本到, "日本における「公正代表義務」論", 노동법논총 제19집, 한국비교노동법학회, 2010, 107면. 그러나 우리나라 헌법재판소는 공무원노동조합의 교섭창구단일화요구법제(「공무원노동조합 설립 및 운영에 관한 법률」 제9조 제4항)에 대하여 노동조합 간의 자율적인 교섭창구단일화 제도를 포함하고 있는 것 등을 이유로 위헌이 아니라고 결정하였다(헌법재판소 2008.12.26. 2005헌마971 · 1193, 2006헌마198(병합) 전원재판부). 부언하여 두면, 교섭창구단일화 제도에 대하여 노동조합 상호 간의 자율적인 교섭창구단일화를 일차적으로 인정하고 있다는 점에서(「노동조합 및 노동관계조정법(이하 '노조법'이라 함)」 제29조의2 제1항) 이 자체를 위헌이라고 단언할 수 없지만, 복수노동조합 가운데 어느 하나의 노동조합이라도 사용자에게 개별교섭을 요구하고 이에 사용자가 동의하는 경우에(실질적으로 사용자에게 개별교섭권을 인정하는 것임) 개별교섭을 가능하도록 하고 있고(노조법 제29조의2 제1항 단서), 이러한 사용자의 선택에 의한 개별교섭을 인정하는 것은 그 자체 헌법 제33조 제1항의 근로자의 단결권·단체교섭권 보장에 반한다고 해석할 것이며, 이 제도는 실제로 다수노동조합의 소수노동조합으로 전락, 노동조합 상호 간의 극심한 대립, 이러한 조직변동 상황이 복수노동조합하에서 사용자에 의한 노동조합의 지배·개입 등과 직접·간접적으로 연계되어 있는 경우가 많다는 등 심각한 문제를 낳고 있는 것이 현실이다.

2) 이러한 관점에서 필자의 사견을 피력한 것으로, 송강직, "노동법학에서의 헌법학의 역할", 동아법학 제48호, 동아대학교 법학연구소, 2010, 807-856면.

Ⅱ. 단결권 주체와 근로자 개념

노조법 제2조 제1호는 근로자란 직업의 종류를 불문하고 임금·급료 기타 이에 준하는 수입에 의하여 생활하는 자를 말한다고 규정하고 있다. 일본 「노동조합법」 제3조 또한 또 같은 내용으로 근로자(일본은 헌법에서는 근로자로, 하위법들에서는 근로자로 각각 표현하고 있으며 그 실질적인 의미는 없는 것으로 해석되고 있고 이데올로기적인 측면에서의 표현의 차이로 이해되고 있음) 정의 규정을 두고 있다.

근로계약과 관련한 우리나라 「근로기준법」 제2조 제1호에서는 근로자란 직업의 종류와 관계없이 임금을 목적으로 사업이나 사업장에 근로를 제공하는 자를 말한다고 규정하고 있고, 일본 「노동기준법」 제9조에서는 노동자란 직업의 종류를 불문하고 사업 또는 사무소에 사용되는 자로서 임금을 지급받는 자를 말한다고 규정하고 있다.

이러한 제정법적 근로자 정의 가운데 고용형태의 다양화에 따라 노조법상의 근로자 정의와 관련한 논의가 현저하게 문제되어 오고 있다고 할 수 있다.[3] 단적인 예로서 직접 고용한 사용자가 아니라고 하더라도 노동조합

---

3) 다른 한편 근로기준법상의 근로자 정의는 해석학적으로 근로자 판단 기준의 완화 등으로 근로자 개념을 확대하여 오고 있는 정도로 볼 수 있다. 단적으로 말하면, "계약의 형식이 고용계약인지 도급계약인지보다 그 실질에 있어 근로자가 사업 또는 사업장에 임금을 목적으로 종속적인 관계에서 사용자에게 근로를 제공하였는지 여부에 따라 판단하여야 하고, 위에서 말하는 종속적인 관계가 있는지 여부는 업무 내용을 사용자가 정하고 취업규칙 또는 복무(인사)규정 등의 적용을 받으며 업무 수행 과정에서 사용자가 상당한 지휘·감독을 하는지, 사용자가 근무시간과 근무장소를 지정하고 근로자가 이에 구속을 받는지, 노무제공자가 스스로 비품·원자재나 작업도구 등을 소유하거나 제3자를 고용하여 업무를 대행케 하는 등 독립하여 자신의 계산으로 사업을 영위할 수 있는지, 노무 제공을 통한 이윤의 창출과 손실의 초래 등 위험을 스스로 안고 있는지와 보수의 성격이 근로 자체의 대상적 성격인지, 기본급이나 고정급이 정하여졌는지 및 근로소득세의 원천징수 여부 등 보수에 관한 사항, 근로 제공 관계의 계속성과 사용자에 대한 전속성의 유무와 그 정도, 사회보장제도에 관한 법령에서 근로자로서 지위를 인정받는지 등의 경제적·사회적 여러 조건을 종합하여 판단하여야 한다"(대법원 1994.12.9. 선고 94다22859 판결)고 하였던 근로자 판단기준에서, 이에 더하여 "다만, 기본급이나 고정급이 정하여졌는지, 근로소득세를 원천징수하였는지, 사회보장제도에 관하여 근로자로 인정받는지 등의 사정은 사용자가 경제적으로 우월

설립 근로자들에 대하여 실질적·구체적으로 지배·결정할 수 있는 자의 부당노동행위 주체로서의 사용자 인정,[4] 후술하는 노동조합 결성 주체로서의 근로자성 등을 들 수 있다. 여기서 단결권 보장과 관련하여 현실적으로 문제가 되었고 그에 따라 남은 과제를 검토함에 있어서 의미가 있다고 생각되는 골프장경기보조원에 대하여 보기로 한다.

1. 근로자 개념과 노동조합 설립의 자유에 대한 침해

우리나라 노조법과 일본 노동조합법상 근로자 정의는 똑 같은 내용으로 그 정의를 내리고 있는데, 왜 우리나라에서 노동조합 결성 주체로서의 근로자서이 문제가 되고 있는가.

우리나라의 경우 노동조합 설립 절차를 거쳐 행정관청으로부터 설립신고증을 교부받아야만이 동법상의 노동조합으로 인정을 받을 수 있도록 하고 있기 때문이다. 즉 일본과 같이 노동조합 결성 자체를 누구에게나 인정을 하고 단체교섭을 할 때에 단체교섭 당사자로서의 지위를 갖는 노동조합인가 아닌가 하는 것을 지극히 형식으로 검증하는 것과는 다르다.

단결권은 결사의 자유의 하나로서 결사의 자유와 함께 보다 더 근로자를 보호하기 위하여 인정된 헌법상의 기본으로 이해할 수 있다. 따라서 노동조합 결성이라고 하는 단결권 행사는 결사의 자유와 같은 인식에서 이해되어야 한다. 즉 노동조합은 누구나 국가의 개입에서 자유롭게 결성될 수 있는 것이어야 하는 것이다. 그럼에도 불구하고 노조법은 노동조합의 설립신

한 지위를 이용하여 임의로 정할 여지가 크다는 점에서 그러한 점들이 인정되지 않는다는 것만으로 근로자성을 쉽게 부정하여서는 안 된다."(대법원 2006.12.7. 선고 2004다29736 판결)고 하여 근로자 개념을 해석론을 통하여 확대하여 온 것이 그 예이다. 또한 도급계약에서 도급인과 수급인 근로자와의 근로계약 성립 여부가 위장도급 내지는 묵시적 근로계약 성립이라고 하는 해석학 방법을 통하여 문제되기도 하는데, 전자의 법리에 의한 도급인의 사용자 인정사례(대법원 2003.9.23. 선고 2003두3420 판결), 후자의 법리에 의한 사용자 인정(대법원 2008.7.10. 선고 2005다75088 판결) 등이 존재한다.

4) 대법원 2010.3.25. 선고 2007두8881 판결.

고절차를 규정하고(노조법 제10조-제13조) 그 과정에서 노동조합의 조직 구성원들 내부의 문제를 갖고 노동조합 설립신고서를 반려하거나, 설립된 노동조합에 대하여 노동조합 대표자에게 노동조합으로 보지 않는다는 통보를(노조법 시행령 제9조 제2항) 함으로써 결국 단결권 자체를 부정할 뿐만 아니라 나아가 당해 노동조합의 단체교섭 및 단체행동권의 향유를 부정하는 입법적 개입을 하고 있는 것이다.

우리나라의 형행 노동조합 설립절차 및 법리는 일본과 비교할 때에 노동조합 결성이라고 하는 단결권 자체의 보장의 유무라고 하는 결정적인 차이를 낳게 하고 있고, 과연 우리나라의 이러한 입법이 헌법상 결사의 자유의 연장선상에서 보장된 단결권 보장과 양립할 수 있는 것인가. 결국 노조법상 이들 입법은 헌법상 보장된 단결권 자체를 크게 위협하는 것으로 위헌에 대한 의문을 강하게 갖게 한다. 일례를 들어 보자. 교원의 경우로 전국교직원노동조합의 교원이었던 자로서 현재 교원이 아닌 자가 위 노동조합에 임원 내지 조합원으로 남아 있다고 하여 행정관청은 결국 「교원의 노동조합 설립 및 운영에 관한 법률」상의 노동조합으로 보지 않는다고 통보하였다.[5] 결국 전국교직원노동조합은 단체교섭의 당사자 지위 및 쟁의행위 주체의 부정은 물론이거니와 단결권 자체를 부정당한 것이다. 이러한 현상이 헌법상 단결권 보장의 취지에 부합하는 것인가.

(1) 근로자가 아닌 자의 가입과 노동조합의 부정

1) 노조법상 단결권 제한 규정

노조법 제제2조 제4호 라목은, 노동조합으로 보지 않는 사유로, “근로

---

5) 법적으로는 당해 노동조합의 규약에 해직 교사가 노동조합의 조합원으로 남을 수 있도록 하는 규약에 대한 고용노동부의 규약시정명령에 대한 거부, 이에 대한 노동조합으로 보지 않는다고 하는 통보(2010년 10월), 서울행정법원에 의한 위 통보의 정당성 인정 판결(2014.6.19. 현행법상 통보를 정당하지 않은 것으로 해석할 수 없음은 당연하다고 하겠다), 헌법재판소의 「교원의 노동조합 설립 및 운영에 등에 관한 법률」 제2조의 교원의 정의 규정은 헌법에 위반하지 않는다고 결정하였다(헌법재판소 2015.5.28. 2013헌마671, 2014헌가21(병합)).

자가 아닌 자의 가입을 허용하는 경우. 다만 해고된 자가 노동위원회에 부당노동행위의 구제신청을 한 경우에는 중앙노동위원회의 재심 결정이 있을 때까지는 근로자가 아닌 자로 해석하여서는 아니된다."고 규정하고 있다.

그러나 이러한 규정은 일본의 노동조합법에서는 볼 수 없다.[6] 입법 내용면에서 볼 때에 노조법 및 일본의 노동조합법상 근로자 정의규정은 같은데, 노동조합을 결성할 수 있는 근로자의 범위는 우리나라가 보다 더 제한적이라고 할 수 있다.

이와 같은 단결권에 대한 근본적인 제한은 일본은 단결권에 대한 ILO 제87호 조약 및 단체교섭권 등을 보장한 제98호 조약을 비준하고 있고, 우리나라는 아직 이들 조약을 비준하고 있지 않기 때문으로 볼 수 있는가. 그렇지 않다. 왜냐하면 우리나라는 국제연합이 채택한 인권규약 가운데 A규약, B규약 B규약선택의정서를 원칙적으로 각각 비준하고 있기 때문이다. 게다가 헌법상 단결권 보장을 고려하면 더욱 그러하다.

2) 노조법상 단결권 해석론의 한계

이러한 비판 때문이지는 몰라도 대법원은 근로자가 아닌 자의 가입을 허용하는 경우를 제한적으로 해석하는 방법을 취하였다. 즉 이 규정이 적용대상을 기업별노동조합의 경우로 제한하는 한정적 해석을 통하여, 산업별·직종별·지역별노동조합의 경우에는 그 적용대상에서 제외하는 해석을 한 것이다. 그 내용을 보면 다음과 같다.

대법원은, "근로기준법은 '현실적으로 근로를 제공하는 자에 대하여 국가의 관리·감독에 의한 직접적인 보호의 필요성이 있는가'라는 관점에서 개별적 노사관계를 규율할 목적으로 제정된 것인 반면에, 노동조합및노동관계조정법(이하 '노조법'이라 한다)은 '노무공급자들 사이의 단결권 등을 보장해 줄

---

6) 다만 일본의 경우에도 노동조합으로 보지 않는 노동조합의 이른바 소극적 요건으로서, 사용자의 입장에서 사용자의 이익을 대표하는 지위에 있는 자의 참가를 허용하는 경우, 경비의 주된 부분을 사용자로부터 지원을 받는 경우, 공제 기타 복리사업만을 목적으로 하는 경우, 주로 정치활동을 목적으로 하는 경우 등의 사유는 우리나라 노조법 제2조 제4호 가, 나, 다, 마목과 유사하다.

필요성이 있는가'라는 관점에서 집단적 노사관계를 규율할 목적으로 제정된 것으로 그 입법목적에 따라 근로자의 개념을 상이하게 정의하고 있는 점, 일정한 사용자에의 종속관계를 조합원의 자격요건으로 하는 기업별 노동조합의 경우와는 달리 산업별·직종별·지역별 노동조합 등의 경우에는 원래부터 일정한 사용자에의 종속관계를 조합원의 자격요건으로 하는 것이 아닌 점에 비추어, 노조법 제2조 제4호 (라)목 단서는 '기업별 노동조합'의 조합원이 사용자로부터 해고됨으로써 근로자성이 부인될 경우에 대비하여 마련된 규정으로서, 이와 같은 경우에만 한정적으로 적용되고, 원래부터 일정한 사용자에의 종속관계를 필요로 하지 않는 산업별·직종별·지역별 노동조합 등의 경우에까지 적용되는 것은 아닌 점 등을 근거로, 노조법 제2조 제1호 및 제4호 (라)목 본문에서 말하는 '근로자'에는 특정한 사용자에게 고용되어 현실적으로 취업하고 있는 자뿐만 아니라, 일시적으로 실업 상태에 있는 자나 구직중인 자도 노동3권을 보장할 필요성이 있는 한 그 범위에 포함되고, 따라서 지역별 노동조합의 성격을 가진 원고가 그 구성원으로 '구직중인 여성 노동자'를 포함시키고 있다 하더라도, '구직중인 여성 노동자' 역시 노조법상의 근로자에 해당하므로, 구직중인 여성 노동자는 근로자가 아니라는 이유로 원고의 이 사건 노동조합설립신고를 반려한 이 사건 처분을 위법하다고 판단하였는바, 이러한 원심의 판단은 정당하고, 거기에 노조법에 정한 근로자의 개념에 관한 법리를 오해한 위법이 있다고 할 수 없다."고 하였다.[7]

대법원의 위 해석을 통하여 하나의 사업 또는 사업장 내에서 복수노동조합의 설립이 보장된 2011년 7월 1일 이전에도 사업 또는 사업장 내의 노동조합과 그 외의 노동조합 상호 간의 복수노동조합의 설립은 긍정된 것이다. 현행 노조법이 근로자가 아닌 자의 참가를 허용하는 경우에 노동조합으로 보지 않는다고 하는 명문 규정을 두고 있는 상황에서 대법원의 위 해석은 단결권의 실질적 보장을 위한 해석론으로서 높이 평가할만하다고 하겠다.

그럼에도 불구하고 기업별노동조합이 거의 절대적 대부분을 차지하고

---

7) 대법원 2004.2.27. 선고 2001두8568 판결.

있는 우리나라 노동조합 조직형태하에서 위와 같은 해석론만으로 헌법상 단결권 보장이 충분히 실현되고 있는가에 대하여는 의문은 여전히 강하게 남게 된다. 앞에서 본 바와 같이 교원노동조합의 경우 교원이었던 자의 노동조합가입을 금지한 것이 위헌이 아니라고 판단한 헌법재판소의 결정에서 볼 때에 노조법 제2조 제4호 라목이 입법권의 재량을 벗어난 위헌으로 판단되지 않는 한 에에 대한 헌법재판소의 입장 또한 교원의 경우를 고려할 때에 그대로 타당하다고 할 수 있을 것으로 예상된다.

그렇다고 한다면 기업별 노동조합 설립에 있어서 근로자가 아닌 자의 노동조합 참가를 인정하는 경우에 노동조합으로서의 지위를 결여하게 된다는 규정은 해석론으로서 어 이상 극복할 여지가 없는 것인가. 이 문제에 대하여 항을 바꾸어 보기로 한다.

(2) 해석론을 통한 해결 가능성 여부

현재의 노조법상 단결권 주체와 관련한 해석론적 상황은 적어도 판례법리상에서는 한계를 드러내고 있다고 하겠다. 학설상으로는 '근로자가 아닌 자'의 해석론을 대법원과 같이 기업별노동조합 등 노동조합 조직과 관련하여 해석론을 전개할 경우에는 한계가 있다고 할 수 있지만, 이를 처음부터 '근로자가 아닌 자'에는 학생, 부랑자, 영세사업자 또는 직업적 운동가 등을 말하는 것으로 해석론을 전개함으로써 그 범위를 축소해석 할 수도 있을 것이다.[8)]

그러나 이러한 해석론은 존재하고 있는 '근로자가 아닌 자'의 명문규정하에서 해석론으로서 다소 불가피한 측면도 있겠지만, 그 보다도 '근로자가 아닌 자'는 노조법 제2조 제1호의 근로자 정의 가운데 '기타 이에 준하는 수입에 의하여 생활하는 자'의 정의와 연계하여 해석하는 방법이 단결권 보장의 취지 등과 관련하여 타당하지 않는가 하는 생각을 한다.

---

8) 김치선, 「노동법강의」, 박영사, 1994, 299면; 박홍규, 「노동법론(1) 고용법·근로조건법」, 삼영사, 2002, 190면.

즉 '근로자가 아닌 자'는 직접 근로계약 관계하에 있는 근로기준법의 적용을 받는 근로자 외에, 근로자와 관련하여 어떠한 관계를 갖고 생활하는 자들은 그 대상에서 제외하는 것으로 해석을 하여야 한다는 것이다. 이를테면 '기타 이에 준하는 수입에 의하여 생활하는 자'에는 명시적으로 근로자가 되지 않겠다는 자 내지 객관적으로 근로자로 볼 수 없는 자만을 제외하는 것으로 해석을 하고, 퇴직자로서 연금 등의 수입에 의하여 생활하는 자, 퇴직한 이후에 구직을 하기위하여 노력하는 자, 나아가 장래 근로자가 되기 위하여 노동조합에 가입하여 정보를 제공받고자 하는 잠정적인 근로자(학생도 포함) 등 사실상 거의 모든 자를 포함하는 의미로 해석을 한다는 것이다. 또한 후술하는 특수형태 노무 종사자들의 경우에도 단순히 근로자가 아니라는 반대적 의미의 형식적인 사업자라는 것을 이유로 노동조합을 결성할 수 없는 자로 일률적으로 취급할 것이 아니라 자발적 사업자를 포함하여 실질적으로 비자발적인 사업자로 분류되어 있는 자들 모두에게도 근로자로서 잠재적인 희망을 갖고 있다면 노동기본권 보장으로서의 단결권은 이들에게 보장되어야 한다는 것이다. 현행법상 '근로자가 아닌 자'의 명문 규정이 있는 한 그 외 객관적으로 명백하게 잠재적인 근로자로서의 지위를 갖지 못하는 자(예컨대 고령의 자로서 더 이상 취업이 불가능한 자 등) 등도 이에 포함시킬 수 있을 것이다. 물론 이러한 해석은 '근로자가 아닌 자'의 참가의 경우 노동조합으로 보지 않는다고 하는 규정하의 해석론이고 이러한 단결권 제한적 규정이 삭제된다면 누구나 단결권 자체는 향유할 있다고 할 것이다. 이러한 해석은 '근로자가 아닌 자'의 규정에 대한 사실상 존재 의미를 부정하는 것이지만 그렇게 해석하지 않는 한 결사의 자유의 연장선상의 기본권에 더하는 의미의 단결권 보장의 의미와의 조화로운 해석할 도모할 수 없다는 것이다.

(3) 입법론적 해결

위와 같은 해석론은 존재하고 있는 '근로자가 아닌 자'의 해석론으로서 너무 벗어나는 것이라고 한다면 남는 것은 입법론적 과제로 나아갈 수밖에 없다. 즉 노조법 제2조 제4호 라목의 '근로자가 아닌 자'의 참가를 허용하는 경우에 이를 노동조합으로 보지 않는다고 하는 규정을 삭제하는 것이다. 적어도 '근로자가 아닌 자'에 잠재적인 근로자, 근로자기 뒤기 위하여 노력하는 자 들에 대하여 근로자가 아니라는 이유로 단결권 자체를 부정하는 것은 단순히 단체교섭의 당사자 지위 내지는 단체행동권의 보장의 문제와는 그 궤를 달리하는 것이고, 이는 결사의 자유의 보장에 근로자에 대한 보다 더 두터운 보장을 목적으로 하는 노동기본권 보장의 근간을 뒤흔드는 매우 심각한 사안이라는 것에 주의를 요한다.

(4) 기타 - 단결권 부정은 단체교섭 부정으로 직결됨

고용계약이 도급계약 내지 업무위탁계약이라고 하여도 그 실질이 근로계약인 경우는 얼마든지 있을 수 있다. 앞에서 본 바와 같이 우리나라 대법원도 이러한 위장도급 내지 묵시적 근로계약 성립이라는 해석론을 통하여 수급인 근로자와 도급인과의 직접적인 근로계약 성립이라는 법리를 전개하여 오고 있다. 이는 단체교섭의 당사자 보다는 근로계약의 당사자로서의 문제가 전면에 등장한 경우로서 단결권, 단체교섭권 보장 등과는 그 궤를 달리하는 영역으로 볼 수 있다. 근로계약 당사자의 문제는 근로기준법의 전면적 적용 여부와 관련한 것으로 노조법사의 근로자성 인정과는 질적으로 다르다.

그런데 노조법상의 근로자성 문제는 근로계약 당사자로 근로기준법상의 각종의 사용자의 권리·의무를 수반하는 것과는 달리 단결체로서의 지위 인정, 한정된 범위 내에서의 단체교섭원 보장, 특정한 요구사항의 관철을 위한 쟁의행위 문제에 그친다. 그러나 우리나라의 경우에 형식적으로 사업자라는 것을 이유로 단결권 자치를 부정하게 되면 실질적으로 단체교섭권까지도 부정하게 된다는 것에 우리나라의 해석론의 특징이 있는 것이다. 왜냐하면 단결권이 인정되는 조직인 경우에 비로소 단체교섭권이 인정되기 때문이다. 사업자라는 이유만으로 단결권이 부정되고, 이들이 가입한 노동조합이라면 그

것이 기업별노동조합인 경우는 물론, 산업별·직종별·지역별노동조합이라고 하여도 '근로자가 아닌 자'에 해당이 되어 이들이 가입한 노동조합은 적법한 노동조합으로 인정될 수 없게 된다. 이러한 해석이 과연 고용형태의 다양화, 실질적인 노사 대등의 실현에 있어서 타당한 것인가.

일본의 예를 보자. 일본은 노동조합을 결성하는 것 자체는 사업자이든 노동조합 결성 자체는 단결권 보장으로서 인정이 되고 있다. 여기서 구체적인 사례를 갖고 보면, 위생생활도자기산업을 영위하는 회사가 당해 회사의 재품의 애프터서비스를 위하여 전국에 500인 이상의 개인사업자들인 고객기술직으로 하여금 애프터서비스를 담당하게 하였는데, 이들 고객기술직들은 위 회사와의 사이에 업무위탁계약을 체결하여 위 서비스를 담당하여 왔다. 그러한 과정에서 고객기술직들이 노동조합을 결성하여 근로조건이 변경 등의 경우 노동조합과 합의할 것, 수당, 할증임금, 출장비의 지불, 연수입 부정, 대여 기자에의 손상 시에 위 회사가 부담할 것 등을 요구하여 단체교섭을 요구하였는데 위 회사는 고객기술직이 노동조합법상 근로자가 아니라는 이유로 단체교섭을 거부한 것에 대하여 최고재판소는 정당한 이유가 없는 단체교섭 거부로서 부당노동행위에 해당한다는 판결을 내렸다.[9]

일본의 예에서 알 수 있듯이 단결권 보장은 근로자들의 실질적인 삶의 향상을 위하여 매우 중요한 기본권 보장으로서의 성격을 지닌다. 따라서 단결권 부정은 단순히 단결권 부정이 머물지 않고 실질적으로 삶의 질을 향상시켜가는 중요한 과정인 단체교섭권을 부정하는 것으로 이어진다. 우리나라의 현재의 대법원 판례법리는 독립된 사업자라고 하면 노동조합에 참가할 수 없는 '근로자가 아닌 자'로 해석되고 있기 때문에 일본에서와 같이 이들 독립된 사업자들은 노동조합을 결성할 수 없고, 단체교섭도 할 수 없게 되는 결과로 이어진다.

위 일본의 사례에서 보듯이 개인사업자들이 단체교섭 요구사항으로 내

9) INAXメンテナンス事件, 최고재판소 2011.4.12., 労働判例 제1026호, 27면. 이들 일본의 최고재판소 판결의 흐름에 대하여, 송강직, "일본 노동조합법상의 근로자 개념－최고재판소 판례법리를 중심으로", 법제연구 통권 제41호, 2011, 337-366면.

건 것은 근로조건이 변경 등의 경우 노동조합과 합의할 것, 수당, 할증임금, 출장비의 지불, 연수입 부정, 대여 기자에의 손상 시의 회사 부담 등 지극히 조합원들의 경제적 지위향상을 위한 것에 있었다. 이러한 요구사항들이 근로자가 아니라는 것, 노동조합을 결성할 수 없다는 것을 이유로 우리나라에서는 부정된다는 것인데 우리나라 근로자들에게 과연 노동기본권 보장이 실질적으로 이루어지고 있다고 할 수 있는 것인가.

여기서 독립된 사업자로 해석되고 있는 특수형태 노무에 종사하는 자들의 노조법상의 근로자성에 대하여 보기로 하자.

2. 골프장 경기보조원의 노조법상 근로자성 인정과 과제

종래 특수형태 노무에 종사하는 자로서, 골프장경기보조원, 학습지교사, 보험모집인, 레미콘지입차주가 문제되었고, 이들에 대한 처우는 사회적 문제로 대두되었으나, 노조법상 근로자로 인정되지 못하였다. 다만 이들의 노무제공과정에서의 사고 등의 현실적인 문제에 대하여 산업재해보상보험법 시행령에서 산업재해보험에 가입을 자격을 부여하고(원칙적으로 강제가입이나 임의로 탈퇴신고를 할 수 있는 형태), 보험료는 당해 종사자가 2분의 1을, 관련 사업자가 2분의 1을 각각 부담하도록 하였다. 그 후 일정한 직역으로 이를 확대하여, 현재 산업재해보상보험법 시행령 제125조(특수형태근로종사자의 범위 등)는, 산업재해보상보험법 제125조 제1항에서 "대통령령으로 정하는 직종에 종사하는 자"로서, 보험모집(우체국보험 포함), 콘크리트믹서트럭을 소유하여 그 콘크리트믹서트럭을 직접 운전하는 사람, 학습지 교사, 골프경기를 보조하는 골프장 캐디, 택배사업(소화물을 집화·수송 과정을 거쳐 배송하는 사업을 말한다)에서 집화 또는 배송 업무를 하는 사람, 퀵서비스업자로부터 업무를 의뢰받아 배송 업무를 하는 사람, 대출모집인, 신용카드회원 모집인, 대리운전업자로부터 업무를 의뢰받아 대리운전 업무를 하는 사람의 경우에 산업재해보상보험법상의 보험에 가입할 수 있도록 하고 있다.

그런데 이들 특수형태 노무에 종사하는 사람들이 노조법상 근로자에 해당되는가. 바꾸어 말하면 노동조합을 결성하여 관계되는 사업자와 단체교섭 등을 행할 수 있는가. 그 답은 아니다라는 것이다. 종래 대법원 판례에 따르면, 골프장경기보조원, 학습지 교사, 모험보집인, 레미콘지입차주 등에 대한 노조법상 근로성을 부정하여 왔다.10)

그러나 대법원은 최근에 이들 특수형태 노무 종사자들 가운데 골프장경기보조원에 대하여 노조법상 근로자성을 인정하는 판결을 내렸다. 이에 대하여 항을 바꾸어 보기로 하자.

(1) 대법원의 골프장경기보조원의 근로자성 인정

대법원은, “원심은, 노조법상의 근로자의 경우 직접적인 근로계약의 존재가 요구되는 것은 아니므로 그 근로자성 판단 기준의 징표를 임금의 종속성 판단 요소보다는 사용자의 지휘·감독의 정도 및 근로자가 독립하여 자신의 위험과 계산으로 사업을 영위할 수 있는지 등의 주로 ‘업무의 종속성 및 독립사업자성’을 판단하는 평가요소로 삼아야 한다고 전제한 다음, 피고가 캐디들의 근무내용, 근무시간 및 근무장소에 대하여 상당한 정도의 지휘·감독을 하고 있다고 볼 수 있는 점, 캐디들은 경기보조업무 수행 과정에서 필요한 작업도구를 피고로부터 제공받아 사용하며 노무 이외에 자신의 자본을 투여하는 일이 없고, 그 업무내용이 단순 노무제공의 측면이 강하며, 피고가 지정한 순번에 따라 출장의 기회를 제공받으므로 이용객을 임의로 선택하거나 교체를 요구할 수 없고, 캐디 피의 액수도 캐디들이 이용객과 사이에 임의로 정할 수 있는 것이 아니어서 캐디들 스스로 노무제공을 통한 이윤의 창출과 손실의 위험을 부담하는 독립사업자로 볼 수 없는 점, 이 사건 골프장의 캐디들은 출장일수가 적지 않고, 피고가 정하는 출장순번에 따라 출장하는데 자신의 출장순번이 언제 돌아올지 정확히 예측할 수 없어 실제로 이

10) 근로자성 부인: 골프장경기보조원 (대법원 1996.7.30. 선고 96누13432 선고); 학습지교사 (대법원 2005.11.24. 선고 2005다39136 선고); 모험모집인(대법원 2000.1.28. 선고 98두9219 선고); 레미콘지입차주(대법원 199711.28. 선고 97다7998 선고). 이들에 대한 판례의 내용 검토에 대하여, 하갑래, 「집단적노동관계법」, ㈜중앙경제, 2013, 84-85면 참조.

사건 골프장 외의 다른 골프장에서 경기보조업무를 수행하는 것은 사실상 불가능하므로 피고에 전속되어 계속적인 경기보조업무를 수행하는 것으로 보아야 하는 점, 피고와 이 사건 노동조합 상호 간에 상대방을 노조법상 사용자 또는 노동조합으로 인정하여 단체협약과 별도의 합의나 노동쟁의 조정절차 등을 거쳐 왔고 원고들은 이 사건 노동조합 소속 조합원들로 활동하여 온 점 등에 비추어 이 사건 골프장의 캐디들에 대하여는 노조법상의 근로자성을 인정할 수 있다고 판단하였다.

원심판결 이유를 앞서 본 법리와 원심의 채택 증거들에 비추어 살펴보면, 설령 원심이 근로자성 판단에 있어서 인적 종속성 보다는 '업무의 종속성 및 독립종속성(경제적 종속성)'의 평가요소에 더 중점을 두었다고 하더라도, 원고들에 대하여 노조법상의 근로자성을 인정한 원심의 판단은 정당한 것으로 수긍이 가고, 거기에 상고이유의 주장과 같이 노조법상의 근로자성의 개념에 관한 법리오해 등의 위법이 없다."고 하였다.[11)]

위 대법원 판결은 일본의 노조법상 독립된 사업자에 대하여 근로자성을 인정한 논리와 유사하다. 일본 최고재판소는, 회사조직으로의 편입, 계약내용의 일방적 결정, 수당의 근로대가성 인정, 위탁업무의뢰에 대한 거부비율이 1% 정도에 지나지 않음, 업무수행과정에서의 회사의 지휘감독을 받음 등을 노동조합법상 근로자성을 인정하는 근거로 들고 있다. 우리나라 대법원은 골프장 경기보조원의 노조법상 근로자성 인정의 근거로, "지정한 순번에 따라 출장의 기회를 제공받으므로 이용객을 임의로 선택하거나 교체를 요구할 수 없고, 캐디 피의 액수도 캐디들이 이용객과 사이에 임의로 정할 수 있는 것이 아니어서 캐디들 스스로 노무제공을 통한 이윤의 창출과 손실의 위험을 부담하는 독립사업자로 볼 수 없는 점, 이 사건 골프장의 캐디들은 출장일

---

11) 대법원 2014.2.13. 선고 2011다78804 판결. 대법원은 골프장경기보조원에 대하여 이전에 노조법상 근로자성을 인정한 예가 있으나, 그 경우에는 골프장경기보조원이 봉사료 등의 배분 과정 등이 통상의 경우와 달리 골프장 사업운영자에 의한 배분 등 특수한 상황이 고려된 것이었다고 할 수 있다(대법원 1993.5.25. 선고 90누1731 판결). 따라서 2014년 판결에서 골프장경비보조원에 대한 노조법상 근로성 인정이 위 이전의 선례와 관련이 있다고 볼 수 없다.

수가 적지 않고, …… 경기보조업무를 수행하는 것은 사실상 불가능하므로 피고에 전속되어 계속적인 경기보조업무를 수행하는 것으로 보아야 하는 점" 등을 들고 있다.

일본의 최고재판소와 대법원이 노동조합법 또는 노조법상 근로자성을 판단함에 있어서 근로조건 결정의 일방적 결정, 업무의 지휘·감독성을 근로자성 판단의 중요한 근거로 삼고 있다는 것이다. 그렇다고 한다면 골프장경기보조원 외의 특수형태 노무에 종사하는 자의 노조법상 근로자성은 어떠한가.

(2) 기타 특수형태 노무 종사자들의 근로성

대법원이 골프장경기보조원에 대하여 노조법상 근로자성을 인정한 판결을 내린 것은 2014년 2월이다. 따라서 이전의 대법원 판결에 의한 학습지 교사 등에 대한 노조법상 근로자성 부정이 오늘날 그대로 대법원의 입장에서 타당한 것인지 단언할 수 없다. 그럼에도 불구하고 학습지 교사 등의 노조법상 근로자성은 일반적으로 부정되는 것으로 이해되고 있다. 이러한 해석을 전제로 할 때에 골프장경비보조원의 인정과 그 외의 특수형태 노무 종사자들의 노조법상의 근로자성 부정과의 관계에서 이를 어떻게 해석할 것인가.

이를 검토하기 위해서는 대법원이 골프장경기보조원의 노조법상 근로자성을 인정한 근거로 들고 있는 사항들이 중요하다. 여기서 그 근거들을 구체적으로 보면, 업무의 종속성 및 독립사업자성, 근무내용·근무시간·근무장소에 대한 상당한 정도의 지휘감독, 작업도구의 제공 여부, 자신의 자본의 투여 여부, 단순노무제공 성격 유무, 고객이 임의 선택 가능성 유무, 봉사료 내지 수당의 임의 책정 가능 여부, 노무제공자의 이윤창출과 손실 위험 부담 여부, 다른 사업 내지 사업장으로의 노무제공 가능성 여부, 단체협약과 별도의 합의나 상호 간의 노동재의 조정절차를 거친 점, 골프장경기보조원들이 노동조합 소속 조합원을 활동하여 온 점 등이다.

그렇다면 골프장경기보조원에 대한 노조법상 근로성 인정에 있어서 특별한 사정으로 볼 수 있는 점은, 단체협약과 별도의 합의나 상호 간의 노동재의 조정절차를 거친 점, 골프장경기보조원들이 노동조합 소속 조합원을 활동하여 온 점이라고 할 수 있다. 그 외의 판단기준은 일반적으로 특수형태 노무 종사자들에게도 인정된다고 할 수 있기 때문이다.

골프장경기보조원들이 노동조합을 결성하여 활동을 하여 왔다고 하나, 이는 노동조합 설립신고증을 교부받을 수 없는 상황에서 어디까지나 사실상 활동하여 온 것으로 이해되는데, 이러한 사실상의 활동이 법적으로 노조법상 근로자성을 인정하는 특별한 사정으로 볼 수 는 없고 하나의 근로자성 인정의 참고사항으로 볼 수 있는 것에 지나지 않는다고 할 수밖에 없다. 그렇다고 한다면 그 외의 다른 특수형태 노무 종사자들과 달리 골프장경기보조원들에게만 노조법상 근로자성의 예외를 인정하는 근거로 볼 수 있는 것은 존재하지 않는다고 할 수 있다. 나아가 가령 이러한 사실상의 노동조합활동을 노조법상 근로자성을 인정하는 결정적인 근거로 삼았다고 한다면 위 특수한 사실관계에 있는 골프장경지보조원을 제외한 사실상의 노동조합활동이 없는 다른 골프장경기보조원들에게는 여전히 노조법상 근로자성은 부정된다고 보아야 할 것이다. 일응 골프장경비보조원에 대한 노조법상 근로자성을 인정한 것은 단결권 보장 측면에서 진일보한 것으로 평가는 할 수 있지만 법적인 근거 내지 평가를 한다면 결과적으로 특수형태 노무종사자들 가운데 결프장경기보조원에게만 노조법상 근로자성을 인정한 것은 모순이라고 할 수밖에 없을 것이다.

Ⅲ. 결론에 갈음하여

결론에 갈음하여 검토한 내용을 요약하면 다음과 같다.

먼저, 노조법상 근로자 개념과 관련하여 '근로자가 아닌 자'의 의미이다.

여기서 말하는 '근로자가 아닌 자'는, '기타 이에 준하는 수입에 의하여 생활하는 자'와 연계하여 폭넓게 해석하여야 할 것이다. 따라서 '근로자가 아닌 자'에는 근로자가 되려고 하는 자, 근로자였던 자 등은 포함되지 않는 것으로 해석할 필요가 있다는 것이다. 이러한 해석론이 가능하지 않다면 입법론적으로는 이를 삭제하는 것이 단결권 보장에 부합한다는 것이다. 중요한 것은 결사의 자유의 연장선상에서 단결권을 보아야 하며, 단결권 자체를 부정하는 것은 근로자들의 사용자 내지 사용자 단체 등과의 실질적인 대등성을 확보하기 위한 기본권 중의 기본권으로서 이는 군인, 결찰, 교정직 종사자 등을 제외하고는 널리 보장되어야 한다는 것이다. 이러한 해석은 교원이 경우에도 타당하다. 즉 교원을 현직 교원으로만 한정적으로 해석하여 교원이 되려고 하는 자 내지는 교원이었던 자가 교원노동조합에 가입하거나 활동을 하는 것은 국가가 이에 개입할 문제가 아니라는 것이다. 나아가 고용형태가 다양화되고 있는 상황에서 일본의 실례에서 알 수 있는 바와 같이 형식적으로 독립된 사업자라고 하여도 그들이 실질적으로 근로자와 다를 바 없는 입장에 처하여져 있는 경우는 얼마든지 있을 수 있는 것이며, 그들에게 있어서 단결권이 자신들의 근로조건 형성에 얼마나 중요한 기본권 보장이 되는가 하는 것을 인식할 필요가 있다.

다음으로, 노조법상 근로자 개념과 관련이 깊지만 특수형태 노무에 종사하는 자들에 대한 단결권 등의 보장이다. 우리나라 현실에서 특수형태 노무에 종사하는 자들의 근로조건, 삶의 질을 무시할 수 없는 상황에 직면하고 있으며, 이러한 사정은 산업재해보상보험법의 예외적 적용을 인정한 것에서도 쉽게 짐작할 수 있다. 골프장경기보조원의 노조법상 근로자성이 인정된 것이 일반적으로 모든 골프장경기보조원들에 대한 단결권 보장으로 이해하고, 다른 특수형태 노무 종사자들에 대한 단결권은 부정하는 것으로 이해된다면 이들 상호 간의 단결권 보장에 있어서의 차이는 합리성이 없으며, 골프장경기보조원에게만 노조법상 근로자성을 인정하여야 하는 특별한 사정도 인정되지 않는 다는 것이다.

결론적으로 우리나라에서 노조법상 근로자성 인정 여부는 더 이상 논의의 대상이 되어서는 아니되며 단결권 보장은 노동기본권 가운데 가장 기본적인 권리로서 이는 군인이나 경찰, 교정직 종사자들을 제외하고는 널리 인정되어야 한다는 것이다. 몰론 고용형태의 다양화 속에서 일본과 같이 독립된 사업자의 경우에 노조법상 근로자성이 인정될 것인가 하는 것은 새로운 논의의 대상이 될 수 있을 것이다. 그리고 노조법상 '근로자가 아닌 자'는 근로자는 근로자가 되지 않겠다는 것을 명언하는 자 내지는 객관적으로 근로자 지위를 향유할 수 없는 상황에 처하져 있는 자 등의 경우로 한정적으로 해석을 하되, 바람직한 것은 이러한 제한적 입법 규정은 삭제되는 것이 단결권 보장의 취지에 부합하는 것이 될 것이다. 그렇게 되면 특수형태 노무 종사들 상호 간의 단결권 보장의 형평성은 자연스럽게 사라질 것이다.

[참고문헌]

西谷敏, "日本における団体交渉権の性格と交渉代表", 노동법논총 제19집, 한국비교노동법학회, 2010.

根本到, "日本における「公正代表義務」論", 노동법논총 제19집, 한국비교노동법학회, 2010.

송강직, "노동법학에서의 헌법학의 역할", 동아법학 제48호, 동아대학교 법학연구소, 2010.

송강직, "일본 노동조합법상의 근로자 개념 – 최고재판소 판례법리를 중심으로", 법제연구 통권 제41호, 2011.

김치선, 「노동법강의」, 박영사, 1994.

박홍규, 「노동법론(1) 고용법·근로조건법」, 삼영사, 2002.

하갑래, 「집단적노동관계법」, ㈜중앙경제, 2013.

[Abstract]

The Right to Organize and Case Law by the Supreme Court of Korea

Song, Kang Jik*

An author think that a right to organize is a kind of the freedom of association. Accordingly a restriction on the right should be narrowly and strictly restricted.

Conclusions are as follow:

First the definition of the 'those who are not a worker' of the Trade Union and Labor Relations Adjustment Act(TULRAA) Section2(4)(d).

The TULRAA Section2(4)(d) provides that where the union includes 'those who are not a worker', the union should not be a union on the TULRRA. The Supreme Court of Korea has interpreted the clause above is only applied to a Company Union. So even though a worker is not employed by a particular employer, a potential employee(who wants to be employed) or temporary unemployed worker could join an industrial union, a craft union, a regional union.

The interpretation by the Supreme Court is not enough to secure the right of the Constitution, I suggest the clause should not include a potential employee(who wants to be employed) or temporary unemployed worker to secure the right. The clause only means a person who does not want to be an employee, or who clearly could not be an employee.

Second the right of a self employer should be secured.

A self employer as caddie, insurance solicitor, and home-study materials teacher etc. could not enjoy the right by the Supreme Court. The Court hold, however, only a caddie among them could establishes, and joins the union. I suggest all self employer also should enjoy the right, because the right is a fundamental right to a worker.

---

* Professor, School of Law, Dong-A University

[Keywords]

freedom of association, company union, self employer, temporary unemployed worker, fundamental right

민주주의 헌법과 대법원: 상고법원 설치 논의에 부쳐

장철준*

[국문초록]

그간 우리 법조계와 학계에서는 상고법원 설치와 대법관 증원 논의의 과정 중에 수많은 아이디어가 배출되었다. 모두 나름의 합리적 이유를 가진 생각들이다. 일리 있는 주장들이다. 그러나 정작 중요한 것은 이 논의가 왜 촉발되었는지, 우리 사법 현실을 어떠한 관점에서 진단할 것인지에 대한 진지한 관찰과 토론일 것이다. 이 글은 현재 우리의 사법 체계가 그 소비자인 국민들이 처음부터 만족할 수 없도록 하는 구조 속에 있다고 진단하며, 여기에 사법 엘리트의 특권적 현실 또한 결부되어 있다고 생각한다. 이를 통해 국민들은 어떻게든 대법원까지 올라와 심판받으려 하며, 그 과정에 소요되는 비용과 노력을 감내할 수밖에 없는 처지에 내몰려 있다. 사법 엘리트

* 단국대학교 법과대학 조교수. 법학 박사(J.S.D.).

의 양적 비대화를 통한 사태 해결 방안은 헌법적으로 문제가 있다고 생각하며, 또 다른 제도적 대안으로 제시되는 상고법원 또한 다른 형태의 양적 비대화일 뿐이라고 본다. 대안은 1심 법원 판결에 대한 제도적, 물적 지원의 방법이며, 여기에 필요한 인사상의 개혁 또한 필수적 요소라고 생각한다. 이것이 이루어질 때, 대법원 또한 인위적으로 몸집을 부풀리지 않아도 자연스럽게 정책 법원으로서의 권위를 회복할 수 있을 것이다.

[주제어]
상고법원, 대법원, 하급심, 사법 개혁, 대법관 증원

Ⅰ. 서론

지금은 법조비리 등 굵직한 사법개혁 이슈 등에 다소 잠잠해진 감이 있지만, 2015년 우리 사회에서는 대법원을 중심으로 의회와 사법부, 학계와 시민사회 전반에 걸쳐 소위 '상고법원'에 대한 논의가 매우 뜨거웠다.[1] 아직 구체적으로 만들어지지도 않았던 이 실체에 대해서 사법 철학과 이해관계 등을 달리하는 여러 주장이 뒤얽혀 복잡한 양상을 띠었으며, 각자의 주장 또한 매우 간절하였다. 이 문제는 우리 사법제도의 근간에 해당하는 주요 법원 조직에 대한 것이다. 따라서 제도의 신설을 두고 그 엄격한 타당성을 미리부터 검증할 수 있는 과학적인 방법을 찾기는 쉽지 않겠으나, 현행 제도의 문제점에서부터 출발하여 제도사적(제도 사상 및 제도 사회학적 접근 포함) 반성 그리고 적용 가능한 비교법 방법론을 통하여 합리적으로 설계하여야 한다. 특히 국가 사법 제도의 중심에 관한 중차대한 주제이기에, 최고법인 헌법의 시각에서 제도와 헌법 현실의 조화를 목표로 한 조명이 반드시 필요

---

1) 한겨레, '상고법원' 추진에 올인…'사법개혁'은 한 게 없다, 2016.3.14. <http://www.hani.co.kr/arti/society/society_general/734887.html> (2016.8.30. 방문).

한 것이다.

이는 또한 단순히 국가 구성에 관한 법제도 문제에 그치지 않는다. 헌법상 사법이 권력에 대한 견제와 균형의 당사자로서 가지는 중요한 기능 차원의 논의 뿐 아니라, 사법제도 서비스의 주요 소비자인 국민의 권리 실현에도 직결되는 차원의 고려가 있어야 한다. 상고법원의 필요성을 정당화하기 위하여 제시되는 근거들이 진정 법률 소비자의 편에 선 생각인지를 냉철히 따져 보아야 한다. 해방 이후 수십 년 간 견고하게 조형되어 온 관료사법체계의 특성을 본질로 한 우리의 법조 체계 속에서, '국민의 권리 신장을 위한 상고법원' 수립이 과연 진정성을 담보한 명제인지 더욱 규명하여야 하기 때문이다. 구체적으로는 우리 사법제도 구조상 '대법원'에서 재판 받을 권리를 헌법적 권리로 특별히 보호하여야 하는가의 문제로 살펴보아야 할 것이다.

상고법원 설치에 관한 지금까지의 제안은 크게 다음과 같이 분류할 수 있다. 첫째, 국회에 제안되었던 법률안과 같이 상고법원을 설치하고 대법원과의 역할을 분담하는 방안이다.[2] 여기에는 소위 정책법원으로서의 대법원 역할에 대한 자리매김의 열망이 담겨 있다. 둘째, 설치될 상고법원 자체에 대한 회의(실질적 4심제의 문제, 대법원 업무 경감 효과 미비 등)를 바탕으로, 현재의 체제를 유지하고자 하는 방안이다.[3] 이 의견에서는 주로 현 상황의 타개책으로 대법관 수의 증원을 통한 대법원 규모 확대 방안이 따라온다.[4] 마지막으로, 이들 방안의 무용성을 내세운 제3의 견해이다. 상고법원을 설치하는 이 글에서는 앞의 두 방안에 대한 비판을 제기하고 현행 제도 유지를 골자로 하는 제3의 의견을 제시하고자 한다.

이 글은 대법원과 그에 동의하는 입법자들이 그 도입을 심각하게 서둘렀던 상고법원 담론에 관료사법체제의 수호 의지가 숨어 있음을 비판할 목

---

2) 대표적으로 김종철·이준일·이상경·허진성, 대법원의 역할과 상고심 개선의 헌법적 쟁점에 관한 연구: 상고법원 도입 방안 논의를 중심으로, 「공법연구」 제44집 제1호, 2015.

3) 대표적으로 임지봉, 상고법원제 법안의 여러 문제점들에 대한 분석과 대안, 「법학논총」 제35집, 2016.

4) 장주영, 상고제도 개선의 목적과 바람직한 상고심 개편, 경실련 "상고법원 어떻게 할 것인가" 토론회 발표문, 2015.4. 참조.

적을 가지고 있다. 더불어 법원 제도 개혁의 화두가 나타난 이 기회에 우리 사법 제도의 문제점을 근본적으로 짚어보고 개선 가능성을 찾아보고자 한다. 이러한 목표에서 볼 때, 상고법원 설립을 반대하는 측에서 주장하는 대법관 수의 대폭 증원 논의도 상고법원 설립 주장과 동일한 전제 위에서 수립된 것으로, 올바른 대안이 될 수 없다는 점을 논증할 것이다.

대법원이 정책법원으로서의 정체성을 확립하는 것은 최고법원으로서의 역할을 중심으로 한 각급 법원의 기능적 유기성을 회복한다는 측면에서 반드시 필요한 일이다. 대법원에서 판례를 통한 사법 아젠다를 제시하고 각급 법원에서 이를 수용 또는 비판하게 되면, 사법의 장(場)은 문제해결을 위한 모든 법적 견해가 활발히 교류할 수 있는 담론의 자유로운 공간으로 변모할 것이다. 이것이 상고허가제를 수용하고 있는 미국 등 사법 선진국에서 발견되는 현상이다. 이를 위해서는 대법원이 집중할 수 있는 전원합의체 사건을 상대적으로 더 많이 다루어야 함은 물론이다. 지금처럼 연간 수만 건의 심리에 쫓겨 도대체 새로운 법리를 탐구할 겨를을 빼앗긴 상태에서는 초인적으로 업무를 살필 수 있는 능력과 의지를 가진 대법관과 재판연구관들이 아닌 이상 물리적으로 불가능하다. 이러한 측면에서 대법원이 상고법원 카드를 염원하는 것은 어쩌면 그들이 찾을 수 있는 가장 쉽고 편리한 방향의 표출이라 볼 것이다.

그러나 정책법원으로서의 대법원이 본래의 의미를 갖기 위해서는 대법원과 각급 법원의 지위상, 기능상의 관계 정립이 제대로 확립된 연후에 가능한 일이다. 정책법원으로서의 대법원이 선도하는 사법 정책과 법해석이 각급 법원에서 구속력 있는(binding) 법적 규칙(legal rules)으로 받아들여지는 것은 철저히 기능적 차원에 국한한 현상이다. 법관들은 정책 생산 기능에 전념하는 법원에 종사하느냐, 실제의 분쟁 해결에 집중하는 기능의 법원에 종사하느냐의 차이만 있을 뿐, 지위와 관계상으로는 본질적으로 동등한 위치에 있다. 이러한 전제가 부재한 와중에 등장하는 법원 창설 논의는 결국 대법원으로 대표되는 사법 기득권을 그대로 유지하여 행사하겠다는 권력적 의도를 결코 배제할 수 없는 것이다. 이러한 상황에서 억지로 주어지는 정책법원으로서의 정체성은 벌써부터 최고법원 지위가 극도로 부각된 권력 피라미드의 본질을 결코 벗어날 수 없게 된다. 높이만 3층에서 4층으로 높아질 뿐이다.

관료사법 피라미드의 정점에 있는 최고법원으로서의 대법원은 진정한 정책법원이 될 수 없다. 하급심 법원 법관의 인사권을 장악하고 있는 대법원에서 내리는 사법 정책적 판단은 그 자체로 권력적일 수밖에 없다. 법에 관한 권위 있는 법원의 견해가 법리가 아닌 권력을 통해 강요되는 순간 벌써 정책법원의 정체성은 퇴색되고 만다. 여기서 배출되는 사법 정책과 판단이 아무리 탁월하다 하여도 그 진정성이 제대로 평가받지 못하는 상황은 대법원 스스로에게도 어찌 보면 불행한 일이다. 물론 그 불행한 결과에 가장 큰 영향을 받는 피해자는 법률 소비자들인 국민이다. 국민은 주권자로서 헌법질서를 통해 사법 권력을 창설하였으면서도 그에 대한 직·간접적 통제의 권한을 상실함으로써, 권력으로부터 제대로 된 혜택을 누리지 못하는 처지에 놓여 있다. 이러한 전제적 상황의 인식에서 그 어떤 진전도 보이지 못하고 있는 상고법원 담론은 국민으로부터 지지받을 수 없다. 2015년 이후 대법원이 기울였던 진취적 홍보에도 불구하고 결국 제도화되지 못하였던 이유가 꼭 입법자의 무성의에만 있는 것은 아니다. 국민은 여전히 상고법원 신설의 의도에 순수한 호응을 보내지 못하고 있다.

Ⅱ. 상고법원 담론의 문제점과 대안

상고법원을 도입하기 위해 국회에 제출된 법안의 핵심은 법원조직법 개정안이었다. 이에 근거하여 각급 법원의 설치와 관할구역에 관한 법률, 상고심절차에 관한 특례법, 민사소송법, 형사소송법 등의 관련 조항을 일부 개정하거나 폐지하는 법안도 함께 제출되었다. 상고법원 설립을 규정한 법원조직법 개정안의 내용을 보면, 우선 상고법원의 심판은 판사 3명으로 구성된 부의 전원일치의견으로 이루어진다. 상고법원으로 배당되는 사건은 대법원에서 판단하는데, 대법관 3명 이상으로 구성된 부에서 상고 및 재항고 사건을 심사하여 판단한다. 법령해석 통일성과 중대한 공적 이익에 관한 사안, 사형 및 무기징역·금고 등 중한 형벌이 부과된 사안, 선거소송 및 당선무효소송 일부 사안, 공직선거법 위반 일부 사안 등은 대법원에 필수적으로 배당된다. 그리고 상고법원 판사는 15년 이상 법조 경력을 가진 자 중 대법관회의를 거쳐 대법원장이 임명하고, 상고법원에 재판연구관을 둘 수 있다. 3인의 상고법원 판사들이 만장일치의견에 도달할 수 없거나 대법원 판례와 다른 의견을 가지는 경우 대법원에 사건 이송을 하도록 한다. 또한 상고법원 판결에 헌법 및 판례 위반이 있는 경우 대법원에 특별상고 또는 특별재항고의 길을 열어두었다.[5)]

위 개정안 골자에서 확인할 수 있는 바는, 일단 대법원이 넘쳐나는 심리사건 수를 대폭 줄이겠다는 당면 과제를 관철하고자 한다는 점이다. 그러면서도 상고법원 심리 이후의 대법원 심리 가능성 또한 열어둠으로써 최종심으로서의 대법원의 지위를 지속적으로 유지하겠다는 의도를 확인할 수 있다. 이렇게 되면 실질적으로 4심제가 이루어질 가능성도 배제할 수 없게 된다. 제도의 취지가 이러한 형식으로 관철되어야 하는지 의문스럽다. 아래에서 항목 별로 자세한 내용을 논한다.

1. 대법원 업무부담 문제

상고법원을 둘러싼 수많은 논의의 중심에는, 대법원을 근간으로 하는 현행 3심제 구조가 대법원에게 너무 많은 업무 부담을 초래하여 깊이 있는 판단의 기회가 박탈되어 있으므로 이를 개선하자는 생각이 자리 잡고 있다. 참여정부시절부터 본격적으로 이어져 내려온 상고법원 신설 혹은 대법관 수 증원의 담론은 최고법원인 대법원의 기능적 회복을 목표로 하고 있는 것이다. 여기에는 소위 "남상고"라 불리는 국민의식의 발현, 즉 분쟁을 끝까지

5) 임지봉, 앞의 글, 4-5쪽.

몰고 가서 대법관의 판단을 듣고자 하는 특이한 현상이 원인이라는 설명이 주류를 이룬다. 그러면서 이러한 국민적 욕구를 충족하는 방안으로 상고심을 담당하는 제도를 바꾸고자 하는 것이다.

이 분석에 의하면 우리 국민은 돈과 에너지를 얼마나 소진하든 간에 한번 싸움을 시작하면 반드시 끝을 보고 마는, 참 싸우기 좋아하는 사람들이다. 최고의 법조 엘리트의 판단을 듣고서야 비로소 결과에 승복하는 어찌 보면 호전적이고도 고집불통인 사람들로 전제해 두는 듯하다. 상고허가제라는 제도를 통해서라도 이러한 비논리적 성향을 제어하여야 하지만, 헌법상 재판을 받을 권리라는 기본권적 반론을 거스를 수 없어 그 대안으로 제시된 것이 상고법원을 신설하자는 주장으로 보인다.

그러나 이러한 인식은 근본부터 잘못되었다고 생각한다. 물론 일본같은 국가에 비하여 우리의 소송 건수가 크게 많은 것은 사실이다. 법적 다툼으로 끝을 보려는 심리와 열망이 강한 것은 어느 정도 사실이다. 그러나 교육과 경제 수준이 OECD 상위권을 달리고 있는 우리의 현재 환경에서 여전히 국민의 성품 탓만 하기에는 무언가 한참 부족해 보인다. 경제적, 시간적 비용을 모두 감내하고서라도 조금이라도 더 합리적인 판결을 쫓고 싶은 열망은 우리 국민이 유독 특이해서만이 아니다. 재판에 불만을 느끼기 때문이다. 하급심 재판에서 만족할만하게 싸워 보았고 합리적 판결이라 승복할 수 있는 결론을 얻어내지 못하였기 때문이다. 단지 자신이 졌기 때문에 상소하는 것이 아니라, 싸우는 과정과 절차가 만족스럽지 못하였다고 느낀다는 말이다. 같은 현상을 두고 법원 스스로의 개혁에 방점을 둘 것인지, 아니면 시스템을 유지한 채 국민의 성품을 계몽하는 데 중점을 둘 것인지에 따라 원인과 해법은 천양지차가 될 수 있다.

우리 국민은 법에 대해 아직도 친근감을 두고 다가가지 못하고 있다. 사법부에 대한 불신이 과거보다는 좋아졌지만 여전히 권위적이거나 불공평하다 느끼는 부정적 인상이 절반 이상을 차지하고 있다. '2015년 국민법의식조사' 결과에 의하면, 우리 국민들은 법에 대한 인상을 묻는 질문에 "권위적"(37.6%), "불공평"(24.4%), "민주적"(21.3%), "공평"(14.2%)의 순서로 답하고 있다.[6)] 이렇듯 부정적 인상이 선두에 서게 된 것은 물론 법률 시스템과 법조 구성원 모두의 공동 책임이겠지만, 그러한 인상의 요인에 사법부에 대한 불신, 재판에 대한 불신이 존재하고 있음은 부인하기 어려울 것이다. 이것이 과연 상고법원을 신설함으로써 해결될 수 있는 문제인지 의문이다.

현상을 이렇게 본다면 결국 손을 보아야 할 곳은 상고심과 대법원이 아닌, 수많은 분쟁이 처음 펼쳐지는 1심 법정이어야 한다고 생각한다. 분쟁 당사자가 할 수 있는 최선을 다 해서 마음껏 주장을 펼칠 수 있고 다투어 볼 수 있었으며, 판결 결과에 대하여 만족할만한 자상한 근거와 설명을 들을 수 있다면, 돈과 시간을 일부러 더 들일 사람은 없을 것이라 생각한다. 요컨대 지금 이 시기에 우리가 귀를 기울여 논의해야 할 대상은 상고법원, 대법원이 아니라 하급심 법원이 아닐까? 지난 사법개혁 논의를 통해서 도입되었던 국민참여재판 제도에 대하여 국민들이 긍정적 호응을 보여주었던 점은 이러한 의문을 더욱 강화한다. 국민법의식조사에 의하면, 2008년부터 도입되었던 국민참여재판 제도에 대하여 59.7%의 국민들은 사법의 민주적 정당성과 신뢰를 제고하는 데 성과를 거두고 있다는 응답을 보였다(매우 성과 있다 6.0%, 대체로 성과 있다 53.7%). 성과가 없다는 응답은 35.5%였다.[7)] 이러한 결과는 아직 완벽하게 정착되지는 못하였지만 기존 1심 재판의 구조에서 개혁의 방향으로 제시된 국민참여형 배심의 재판 결과를 국민들이 훨씬 공정하다고 받아들인다는 뜻이다. 이는 곧 기존 1심 재판의 결과에 여전히 만족하지 못하고 있다는 반증으로 해석할 수도 있다. 종래의 시스템에 만족하고 있다면 이렇듯 많은 응답률로 국민참여재판을 호의적으로 받아들일 이유가 별로 없기 때문이다. 국민은 변화를 원하고 있다.

이용훈대법관 시절 제시되었던 구술변론과 공판중심주의 지향의 개혁방안은 사법 제도에 대한 신선한 희망을 안겨주었고 재판 실무에 눈에 보이는 변화도 이끌어 내었다. 그러나 아직도 국민들에게 의미 있는 개혁으로 인식되지는 못하고 있다. 물적·제도적 지원이 뒷받침되지 못하여 판사의 업무

---

6) 현대호·김명아, 2015 국민법의식조사연구, 한국법제연구원, 2015, 78쪽.

7) 현대호·김명아, 위의 책, 114-6쪽.

과중만 초래하였기 때문이다. 국민들은 아직도 지식과 경륜을 겸비한 베테랑 판사가 진행하는 1심 재판을 기대하고 있다. 과중한 업무에 쫓기지 않는 판사가 여유를 가지고 신중하게 내리는 판단에 당사자로 참여한 국민이 일부러 불신을 줄 필요는 없을 것이다. 사실관계에 관한 다툼이 1심 단계에서 당사자 간에 거의 동의될 수 있고, 그 판단이 상급심에서도 권위를 유지할 수 있다면, 진정한 법률심을 구하는 사건 이외에는 자연스럽게 상소가 자제될 것이다. 선행 단계에서 만족한 당사자는 돈과 에너지가 소모되는 절차를 굳이 지루하게 끌고 갈 필요가 없다.

사법 선진국들에 비하여 터무니없이 많은 상소 사건 통계는 우리의 특이한 국민성으로 보아야 할 것이 아니라, 하급심 법원에 대한 변화가 필요하다는 신호로 보아야 한다. 이러한 진단에 의견을 모을 수 없는 이상, 법조엘리트의 권한 강화를 통한 문제 해결 방안은 실질적 효과를 거둘 수 없을 뿐 아니라 헌법 정신에도 어긋난다고 할 것이다. 하급심 재판에 큰 변혁을 이루지 않은 채 진행되는 상고법원 논의는 문제 해결의 실체가 빠진 단기의 응급 방편일 뿐이다. 상고심을 향해 다가오는 불만의 물결을 근본적으로 제어하지 못하면서 단지 사건의 대부분을 별도의 상고법원에 맡김으로써 대법원의 업무를 경감시킨다는 발상은 정책법원으로서의 기능 회복을 아무리 목적으로 역설하여도 설득력을 확보할 수 없다. 커다란 권한은 그대로 누리되 업무만 경감하겠다는 의도로 오해를 불러일으킬 수 있는 것이다.

2. 관료사법체제의 유지 및 견고화

대법원의 상고법원 신설 방안에서는 우리 법원 제도의 해묵은 관료사법체제를 유지하고 오히려 강화하겠다는 의도를 읽을 수 있다. 대법원장을 정점으로 거대한 관료 피라미드 체제를 유지하고 있는 우리 법원 조직의 특성은 오래 전부터 비판받아 왔다.[8] 이러한 체제의 기원은 광복 이후 우리 민

---

8) 예컨대 한상희, 사법개혁과 민주주의: 법원행정처의 개혁 방안, 「민주법학」 제29권, 2005;

족이 주체가 되어 본격적인 근대 사법시스템을 구성하는 과정에서부터라 할 수 있다. 미군정이 독립된 사법부에 민주적 통제를 가미한 미국식 근대 사법시스템을 도입하려 하는 과정에서 조선인인 법조인들의 조직적 저항이 있었다. 이후 법조 엘리트 중심의 법조 관료체계로 자리매김하게 된 당시 제도의 주역은 오직 시험 자격을 통과한 소수 변호사들만이 담당하여야 한다는 논리였다. 일제 당시 하급 변호사 역할밖에 주어지지 않았던 이들에게 해방 이후 공석이 된 고위 법원 관료의 역할이 주어지면서, 결국 미국식의 법조 일원화 시스템은 도입되지 못한 채 우리 고유의 관료제적 사법 시스템이 고착되었다. 여기에 본래 변호사 신분이던 이들이 평생법관 개념을 갖지 못하고, 법조 직역 종사 중이나 퇴임 이후 자유롭게 변호사 개업을 할 수 있도록 문호를 열어둠으로써 다른 나라에서는 볼 수 없는 기이한 법조 직역 구조를 띠게 되었다.[9)]

특히 1947년 5월부터 시작된 법원조직법 기초작업 과정에서 미군정의 영향으로 대법관, 각급 법원장을 전국의 법조 직역이 선거로 뽑는 고위법관 선거제안까지 제출되었으나 법원과 검찰 측의 격렬한 반대에 봉착하였다. 결국 이 제도는 채택되지 못하고 대법관 추천위원회의 추천 제도로 조정되었다.[10)] 이 과정은 우리 사법 조직의 초기 형성 과정에서 구성원 수뇌들의 인식을 엿볼 수 있는 대목이기도 한데, 처음부터 국민의 사법에 대한 민주적 통제의 길을 철저히 차단하고, 법조 엘리트 중심의 운영 체제를 공고화하기 위한 조직적 움직임이 있었다는 점을 주목하여야 한다. 당시의 국정을 운영하였던 미군정의 미국식 사법 시스템 도입 노력에 대하여는 철저히 반대하여 무력화시키는 조직의 힘을 발휘하였다. 그 와중에 반대의 논거로서 가장 강력하게 제기되었던 것은 바로 사법부 독립과 법치주의 이념이었다.[11)] 당시 그들에게 자신들 영역 활동에 간섭하는 것으로 보이는 모든 것들은 사법

하태훈, 사법에 대한 신뢰, 「저스티스」 제134-2호, 2013; 문준영, 법원조직법 입법사의 교훈, 「내일을 여는 역사」 제38호, 2010 등.

9) 이국운, 법률가의 탄생: 사법 불신의 기원을 찾아서, 후마니타스, 2012, 제1장.

10) 한국연구재단, 한국 근현대 헌정사 연구: 사법체제의 형성과 민주헌정, 2004, 45쪽.

11) 이국운, 앞의 책, 제1장.

부 독립을 훼손하려는 노력의 일종이었고, 그들은 이러한 시도를 자유주의적 법치주의의 근간을 훼손하는 일로 받아들였던 것이다. 헌법 구조로서의 사법에 대한 본질적 오해와 법치주의의 매우 협소한 해석이 아닐 수 없다. 그러나 해방공간의 혼란 속에서 이 논리는 힘을 가졌고, 결국 제도로서 관철되어 오늘에 이르게 되었다. 그 와중에 직역을 자유로이 넘나드는 경계의 단절을 통해 법조 삼륜 사이에 경쟁보다는 협조 정신이 잠재적으로 지배하게 되었다. 이러한 유착의 구조 속에 폐해는 오로지 법률서비스 이용자인 국민에게 맡겨졌다.

이러한 법원 제도의 역사적 기원과 현실적 의미를 이해한다면 상고법원 신설의 의도를 주장의 선의로 받아들이기 매우 힘들어지게 된다. 정작 문제로 지적되는 사법 제도의 핵심적 문제점은 미비한 개선 노력으로 일관하면서도, 관료사법 피라미드 시스템의 상층부에 또 다른 관료조직을 대거 투입하겠다는 발상의 이면을 충분히 읽을 수 있기 때문이다. 이는 대법원장·대법원의 권위와 권한 공고화와 확대를 위한 발상이며, 대법관 하위직제인 상고법원 판사의 직을 신설함으로써 고위 법관의 수를 확대하여 인사의 적체를 해소하겠다는 의도의 표현이다. 설사 상고법원 신설 주장이 완전한 정책법원을 지향하기 위한 대법원의 순수한 발상이라 하여도 현재의 관료사법 시스템 하에서 도입되는 상고법원은 어떠한 노력을 동원하여도 이러한 의심을 피해갈 방법이 없어지게 된다. 현재의 피라미드 시스템 자체가 현실을 그대로 반영하고 있기 때문이다.

3. 선행적 대안: 법관인사제도의 개혁

대법원이 주장하는 바와 같이 상고법원이 신설되면 대량의 상고심이 이전되어 대법원의 업무가 줄어들고, 결국 중요한 사안에 집중함으로써 정책법원으로서의 위상을 회복할 수 있는 길이 열린다고 하자. 변호사협회의 진단에 의하면 물리적으로 이러한 효과를 발생시키기 위해서는 최소한 50명에서

많게는 100명의 상고법원 판사가 필요하다고 한다.[12] 전원 차관급 인사로 구성될 이들 조직을 창설하고 유지하기 위해서는 상당한 예산이 소요될 것이다. 현 관료사법 시스템으로 볼 때, 이들에 대한 인사 권한은 모두 대법원장이 가지게 될 가능성이 크다. 대법원장의 헌법상 권한이 엄청나게 확대될 수 있는 소지를 말해주는 것이다. 관료사법 피라미드의 상층부를 확대시켜 꼭대기 층을 다소 유연한 곡선 모향으로 만드는 것이 과연 피라미드 시스템 자체에서 발생하는 수많은 문제점을 해결할 수 있을까? 변호사 시장은 50~100명의 새로운 전관(前官)을 받아들일 준비가 되어 있는가? 여전히 전관예우는 존재하지 않는다고만 역설하면 문제가 없어지는가?

지금의 상고법원 제안에서 구상하는 각종 에너지를 하급심 법원의 정상화·활성화에 쏟는다면 상고법원 신설은 자연스럽게 없어질 주장이 될 것이다. 미련 없이, 공정성 논란을 제기하지 않을 정도의 재판 환경에서 마음껏 법적 주장을 통해 다투어 본 당사자들은 법원의 판결에 수긍하게 된다. 내 재판에 시간적, 물리적 에너지를 들여 최선을 다해 해결해주는 판사의 판결에는 자연히 승복하게 되는 것이다. 전직 법관, 검사가 상대방을 대리하는 변호사로 등장하지 않는 재판을 겪게 된다면 굳이 상급심에서 다시 싸우겠다는 결심을 하지 않아도 된다는 말이다. 이러한 문제점을 하나하나 깊이 따져 본다면, 결국 재판의 정상화 문제는 법관 인사의 문제로 환원된다. 특히, 능력 있고 충분한 경험을 가진 법관이 1심을 맡아주는 것이 필요하다. 1심 재판정이야말로 국민과 사법이 처음 만나는 가장 생생하고도 중요한 현장이기 때문이다. 최근 법원행정처에서는 "법원장을 두 차례 지내고 재판업무에 복귀했거나, 65세 정년을 2~3년 앞둔 고위 법관들에게 1심 재판을 맡기는" 원로법관제를 도입한다는 취지의 인사계획을 발표하였다.[13] 1심 재판 강화를 위해 환영할만한 계획이기는 하지만, 이 정도 수준으로는 여기에 참

---

12) 대한변호사협회, 상고법원 반대 및 대법관 증원 10문 10답, 2015, 10쪽.

13) 법률신문, 대법원 '제기능 찾기' 숙제로, 2016.12.19. <https://www.lawtimes.co.kr/Legal-News/Legal-News-View?serial=106653> (2016.12.30. 방문)

여하는 고위 법관은 얼마나 될지, 얼마나 지속적으로 제도가 유지될지 의문이다.

관료사법체계 자체를 단기간에 한꺼번에 해소할 묘책이 발견되지 않는다면, 최소한 상고법원 담론에는 현행 수직적 법관 인사제도에 대한 근원적 성찰과 개혁이 선행되어야 한다.[14] 구체적으로, 고등법원 수석부장판사가 당면 승진 목표가 되는 법관 인사체계를 시급히 개선하여, 1심 법원 담당 판사가 대법관 후보가 될 수 있어야 한다. 직위 위주의 인사체계를 직능 위주로 바꾸어야 한다는 것이다.

지금 논의되는 상고법원의 문제는 순수하게 법원 조직에 관한 것이 아니다. 법원의 문제가 아니라 법관의 문제이다. 법관이 좋은 판결을 할 수 있는 제도적 체계를 우리가 가지고 있었다면 상고법원 아이디어는 거론조차 되지 않았을 것이다. 불합리한 인적 체계를 그대로 둔 채 법원의 물리적 체계만 손보고자 하는 발상은 기대되는 효과 또한 미비할 것이다. 대법원에서 마지막으로 재판 받는 당사자가 상고법원 재판에 섬으로써 과연 더욱 만족하게 될 것인가를 생각해보면 충분히 타당한 예상이라 생각한다.

Ⅲ. 헌법적 관점에서의 대법원과 대법관

이상 조명한 바와 같이, 상고법원 신설은 많은 문제점을 가지고 있다. 그렇다면 현재 상고법원에 반대하는 주장은 합당하게 이루어지고 있는지도 살펴보아야 할 것이다. 현재 학계의 상당수와 대한변호사협회에서 강하게 반대하고 있는 모습을 보이고 있다. 상고법원 체제의 문제점 분석에 대해서는 거의 공통적인 의견의 일치를 보이고 있다. 이들은 대부분 상고법원 신설의 대안으로 대법관 수를 대폭 증원하는 방안을 제시하고 있다. 굳이 없는 제도를 새로 만드는 데는 여러 가지 노력이 많이 소요되지만, 기존의 대법원

14) 예를 들어 이국운, 법관의 임용과 인사제도의 개혁방안, 「서강법학」 제11권 제1호 등.

제도를 보완하는 선택을 하게 되면 상대적으로 쉽게 문제를 해결할 수 있다는 논리이다.

하지만 이 글에서 지적한 선행 문제로서의 관료사법 시스템의 개혁과 법관 인사제도의 개선이 이루어지지 않은 상태에서 대법관 증원의 선택지는, 여전히 고위 법관의 수를 늘려 가장 중요한 문제를 덮으려 하는 노력으로밖에 읽힐 수 없다는 점에서 상고법원 주장과 크게 다를 바 없다고 본다. 오히려 대법관 증원만 하면 상고법원을 만들 필요도 없거니와 적체된 사법개혁 문제를 한꺼번에 해결할 수 있다는 식의 주장은 다소 위험하게 보인다. 문제의 핵심에 대한 진단이 잘못되었기 때문이다.

1. 대법관 증원론

상고법원 반대 논의에서 거의 빠짐없이 등장하는 주장은 대법관 증원 방안이다. 아마도 상고법원을 설치하는 방안을 받아들이지 않으면서도, 현실적으로 가장 쉽게 대법원이 직면한 문제를 해결할 수 있을 듯 보이는 생각이기 때문일 것이다. 앞서 제시하였듯, 현재 우리가 목도하는 상고재판건수는 사실 정상적이지 않다. 대법원 또한 정책법원으로서의 위상을 정립하여야 하는 목표를 포기할 수는 없다. 대한변협에서 지적하는 상고법원 설립의 문제점은 그것이 헌법에 부합하지 않는다는 점, 전관예우의 문제를 전혀 개선하지 못하고 대법원장 권한이 비대해진다는 점, 실질적 4심제로의 전환 효과로 인하여 사법 절차에 국민의 시간과 비용이 늘어난다는 점, 법원 신설로 인하여 사법 예산이 더 소요된다는 점, 상고법원의 입법례를 가진 다른 나라의 경우가 없다는 점, 우리는 이미 헌법재판소라는 유력한 권리구제기관이 존재하고 있다는 점, 대법원 사건과 상고법원 사건의 구별 기준이 명확하지 않다는 점, 상고법원이 설립되더라도 현재 상고심 절차에서 대표적인 폐해로 지적되고 있는 심리불속행 제도가 없어진다는 보장이 없다는 점, 상고법원 제도의 신설에 대하여 국민의 의사를 충분히 수렴하지 않고 추진하

고 있는 점 등이다.[15)]

물론 지금의 비정상적 상황을 어떻게 진단하고 대응할 것인가는 우리의 사법 현상을 바라보는 시각의 차이에 따라 다를 수 있다. 이 글에서 제시한 관료사법에 대한 해소와 인사제도의 개혁을 통한 해결 방안이 도무지 이루어질 수 없는 것이라면, 대법관 증원의 문제점에 대해서도 논할 필요가 있을 것이다. 하지만 이것이 여전히 이룰 수 없는 꿈에 불과하다 생각하지 않는다. 법조 직역 스스로 해결할 수 있는 의지와 능력이 없다면, 민주주의에 기반한 국민적 노력으로 이루어야 한다. 민주주의 헌법에서는 이것을 할 수 있어야 한다.

현 상황에서 대법관 인원을 대폭 늘리면, 대법관 1인당 부담하는 사건 개수가 기계적으로 줄어들기 때문에 분명 개선의 효과는 있을 것이다. 그러나 그렇게 하더라도 여전히 부담 건수는 엄청나게 많아서, 실질적으로 줄어드는 사건에 큰 영향이 없을 것이라는 반론도 존재하고 있다. 이미 상고심 사건은 수만 단위의 수에 접근하고 있기 때문에, 대법관 몇 십 명 늘린다고 해서 획기적으로 개선될 문제가 아닌 것이다. 그러나 대한변협에서는 대법원장을 제외한 대법관 수를 현재의 두 배로 늘리면, 현재 연간 3만 6천여 건을 다루는 대법원의 상고심과 1인당 3천여 건을 다루고 있는 대법관의 재판 업무가 획기적으로 줄어들 수 있다고 보고 있다.[16)] 그러나 1인당 3천 건을 다루는 대법관이 그 절반인 1천 5백 건을 다루게 되면 과연 "충실한 상고심 재판"을 할 수 있을까? 그렇게 보이지 않는다. 여전히 너무 많다. 대법원을 향해 올라오는 사건들의 원인을 찾아 원천적으로 그 수를 줄이지 않는 한, 대법관이 두 배로 늘어난 대법원이 일순간 정책법원이 될 수 있을 것이라는 희망을 섣불리 가질 수 없는 것이다. 방법은 하급심을 강화하고 인사제도를 개혁하는 것이다.

하지만 이 문제를 차치하고서라도, 대법관 증원 문제는 헌법적으로 중대한 의미를 가지고 있기 때문에 매우 조심스럽고 심도 깊은 논의를 통해

15) 대한변호사협회, 앞의 책, 6-15쪽.

16) 대한변호사협회, 앞의 책, 18쪽.

주장할 문제라고 생각한다. 헌법상 기본 원리인 권력분립원리에 근거한 사법의 본질적 성질을 반드시 고려하여야하기 때문이다. 특히 대법원장의 지위와 권력과 관련하여 깊은 성찰적 논의가 필요하다.

해밀턴이 적절히 지적하였듯, 사법권은 다른 권력에 비하여 가장 안전한 권력이다. 그러나 국민으로부터 직접적인 민주적 정당성을 가지고 있지 않다는 민주주의적 한계 또한 분명히 가지고 있다. 대법관과 중앙선거관리위원을 제청·지명할 수 있는 권한을 보유한 대법원장에게 30명에 가까운 대법관 제청의 권한이 더 주어졌을 때, 그것이 민주적 정당성에 적합한 권한이라 볼 수 있을까? 법관에 대한 인사권 등 대법관이 가지는 현재의 법률적·현실적 지위와 권한이 그대로 유지된다고 가정하였을 때, 그 인원이 대폭 늘어났을 때 정당성 문제 뿐 아니라 권력분립원리의 핵심인 권력 간 힘의 균형(balance of power) 문제는 반드시 짚고 넘어야 할 중요한 사항이다. 수직적 인사제도 하에서 법조 엘리트의 최정점에 자리 잡은 지위를 대량 생산하는 것이 얼마나 큰 사회적 비용을 초래할 것인지는 굳이 외국의 법률가정치(juristocracy) 논쟁을 상기하지 않더라도 쉽게 떠올릴 수 있는 것이다.[17)]

이러한 우려에 대해서는 대법관만 150명이 넘는 독일이나 프랑스를 예로 들어 주장하는 반론도 있을 것이다. 우리와 사법 체계도 비슷한 선진 국가에서 이렇듯 많은 대법관들이 활동하고 있으니 크게 헌법적 문제를 걱정하지 않아도 된다는 주장일 것이다. 물론 이들 국민의 헌법적 선택에 대하여 전적으로 문제가 있다고 말할 수는 없다. 그러나 이들 사법 선진국에서의 법원, 법관(대법원, 대법관)의 현실이 근본적으로 우리와 같은지 묻고 싶다. 이들이 수행하는 1심 재판이 우리의 그것과 정말 비슷하게 운용되고 있는지, 재판을 대하는 법관의 직업적 환경과 태도 또한 같은지, 법원이 국민에게 다가가는 접근성과 권위 또한 같은지, 좀 더 구체적으로, 국민들이 원하지 않는 전관예우 같은 특권이 존재하는지 등을 생각해보자는 것이다. 이러한 개개의 권력 또한 포괄적으로, 그리고 현실적으로 사법 권력을 이루는 것이

17) Ran Hirschl, Towards Juristocracy: The Origins and Consequences of the New Constitutionalism, Harvard University Press, 2007.

아닐까?

2. 대한민국 헌법 속의 대법원

기초적 논의로서, 대법원의 헌법적 위상과 의미에 대하여 되짚을 필요가 있다. 헌법 제101조 제2항의 “법원은 최고법원인 대법원과 각급법원으로 조직된다.”는 규범은 문언 자체로서 대법원과 상고심을 공유하는 또 다른 법원을 창설할 수 없다는 뜻을 명확히 한 것으로 해석할 수 있다. 상고법원이 그 명칭에 무관하게 대법원 하위에 위치한 법원이 되는 순간 그것은 ‘각급법원’의 하나가 되는 것이지, 상고심을 다루는 대법원이 될 수 없는 것이다.[18] 각급법원은 상고심을 다룰 수 없다. 그렇다면 상고법원이라는 명칭과 조직 자체가 헌법 논리적으로 성립될 수 없다는 결론을 도출할 수 있게 된다.

이렇게 되면 곧 대법원에서 재판을 받을 수 있는 국민의 기본권과 직결된다. 법원을 대법원과 각급법원을 분류한 이상 최종심은 대법원이 담당할 수밖에 없고, 심급 제도를 보유하고 있는 이상 대법원에서 최종심을 받을 수 없도록 제한하는 것은 기본권 침해로서 헌법 위반의 소지가 제기될 수 있는 것이다.

헌법 문언상의 주장과 해석도 중요하지만, 이 글에서 지속적으로 주장하여 온 바대로 문제의 핵심은 현행 우리 법원 시스템에서 국민이 실질적으로 만족할만한 재판을 받을 수 없는 상황에 처해 있다는 것이다. 국민의 재판을 받을 권리라는 기본권의 실질적 보장에 큰 문제가 야기됨으로써 헌법상 기본권 보호를 소홀히 하게 되는 위배의 지점이 바로 여기에 존재한다. 상고법원은 이것을 타개하기 위한 대책이 결코 될 수 없다. 상고법원을 통해 대법원이 명실상부한 정책법원으로 거듭나는 기적을 기대하기도 어렵다. 대법관 증원도 이상적 대책은 될 수 없다. 그렇다면 이제 상고법원 논란을 그치고 법관인사시스템의 개혁과 1심 판결의 내실화, 관료사법시스템의 개혁

---

18) 대한변호사협회, 앞의 책, 6쪽.

을 신중히 논의하여야 한다. 무엇보다 이 논의는 헌법의 민주적 이념의 지도에 따라야 한다. 지금까지 법원을 비롯한 법조 직역이 주장하는 사법권의 독립과 법치주의의 확립에 기운 방법론을 통해 지금의 문제적 상황에 이르렀다면, 이제 동일한 우리 헌법에서 동일한 비중으로 강조하고 있는 민주주의 원리를 사법 영역에 적용할 때라고 생각한다. 법원이 국민에 의해 참여되고 그 권한이 민주적으로 통제될 수 있도록 하여야 한다. 이것이 '민주주의 헌법'인 대한민국 헌법에서 그리고 있는 대법원의 모습이다.

Ⅳ. 결론

그간 우리 법조계와 학계에서는 상고법원 설치와 대법관 증원 논의의 과정 중에 수많은 아이디어가 배출되었다. 모두 나름의 합리적 이유를 가진 생각들이다. 일리 있는 주장들이다. 그러나 정작 중요한 것은 이 논의가 왜 촉발되었는지, 우리 사법 현실을 어떠한 관점에서 진단할 것인지에 대한 진지한 관찰과 토론일 것이다. 이 글은 현재 우리의 사법 체계가 그 소비자인 국민들이 처음부터 만족할 수 없도록 하는 구조 속에 있다고 진단하며, 여기에 사법 엘리트의 특권적 현실 또한 결부되어 있다고 생각한다. 이를 통해 국민들은 어떻게든 대법원까지 올라와 심판받으려 하며, 그 과정에 소요되는 비용과 노력을 감내할 수밖에 없는 처지에 내몰려 있다. 사법 엘리트의 양적 비대화를 통한 사태 해결 방안은 헌법적으로 문제가 있다고 생각하며, 또 다른 제도적 대안으로 제시되는 상고법원 또한 다른 형태의 양적 비대화일 뿐이라고 본다. 대안은 1심 법원 판결에 대한 제도적, 물적 지원의 방법이며, 여기에 필요한 인사상의 개혁 또한 필수적 요소라고 생각한다. 이것이 이루어질 때, 대법원 또한 인위적으로 몸집을 부풀리지 않아도 자연스럽게 정책 법원으로서의 권위를 회복할 수 있을 것이다.

[참고문헌]

김종철·이준일·이상경·허진성, 대법원의 역할과 상고심 개선의 헌법적 쟁점에 관한 연구: 상고법원 도입 방안 논의를 중심으로, 「공법연구」 제44집 제1호, 2015.

대한변호사협회, 상고법원 반대 및 대법관 증원 10문 10답, 2015.

문준영, 법원조직법 입법사의 교훈, 「내일을 여는 역사」 제38호, 2010.

이국운, 법률가의 탄생: 사법 불신의 기원을 찾아서, 후마니타스, 2012.

이국운, 법관의 임용과 인사제도의 개혁방안, 「서강법학」 제11권 제1호, 2009.

임지봉, 상고법원제 법안의 여러 문제점들에 대한 분석과 대안, 「법학논총」 제35집, 2016.

장주영, 상고제도 개선의 목적과 바람직한 상고심 개편, 경실련 "상고법원 어떻게 할 것인가" 토론회 발표문, 2015.4.

하태훈, 사법에 대한 신뢰, 「저스티스」 제134-2호, 2013.

한상희, 사법개혁과 민주주의: 법원행정처의 개혁 방안, 「민주법학」 제29권, 2005.

현대호·김명아, 2015 국민법의식조사연구, 한국법제연구원, 2015.

Hirschl, Ran. Towards Juristocracy: The Origins and Consequences of the New Constitutionalism, Harvard University Press, 2007.

[Abstract]

Our Democratic Constitution and the Supreme Court

Cheoljoon Chang*

In our legal academia and legal profession, many ideas to solve the ingrained problems of the Korean judicial system have been suggested. This fact reflects that the problems are not easy ones, and there are many hurdles to practice those ideas. Every idea has reasonable motives and ways of justification. Especially in the discussion of a special appellate court and the increasement of the Supreme Court justice members, the pattern has not been different. The thing is that we have to delve into the deep reason why those problems came from, not that we have to find temporary remedies. This article diagnoses that our judicial system was made by the vested interests of the judicial professionals during an extraordinary experience of interim military government after the independence from the Japanese colonial imperialism. The people cannot be satisfied with the decisions of trial courts that is not significantly positioned under the current our legal system. The writer claims that we have to restore the importance of the trial court's procedures and decisions by destroying the authoritarian bureaucracies of the Korean judicial system and by revolutionizing the current personnel support system. Building a new special appellate court and increasing the justice members cannot be reasonable alternatives.

* Assistant Professor, Dankook University College of Law. J.S.D.

憲法判例研究 總目次

(1권~16권)

[憲法判例研究(1)]

[憲法判例研究(4)]

婚姻과 同姓間의 生活共同體
–BVerfGE(2002. 7. 17)=NJW 2002,
S. 2543ff. 評釋– ………………………………………………………… 李憙衍
女性割當制의 違憲性 ………………………………………………………… 趙在炫
美國聯邦大法院의 性差別에 관한 平等權審査 ……………………………… 金顯哲
職業選擇의 自由와 平等權
–公務員의 自動資格附與制度를 中心으로– ……………………………… 李丞祐
教育平等權 ………………………………………………………………… 張永喆
選擧에 있어서의 平等具現에 관한 考察
–現行法上의 選擧公營制 檢討를 中心으로– ……………………………… 曺小永
제 2 부 一般論文
解放後 3년간의 憲法構想 ………………………………………………… 全光錫
브렌넌(Brennan)의 自由民主主義
–少數意見을 中心으로– …………………………………………………… 成鮮濟
映畵上映等級分類保留와 言論·出版의 自由
–憲裁決 2001. 8. 30, 2000헌가9 映畵振興法
제21조 제4항 違憲提請事件을 中心으로– ……………………………… 鄭然宙
憲法附則 제5조에 대한 試論 ……………………………………………… 田鶴善
豫算法의 基本原則과 財政法의 課題 ……………………………………… 金性洙
警察法上 責任論의 새로운 出發
––般的 平和攪亂禁止義務에서 協力義務로의 變化– ………………… 李起椿
美國의 인터넷藥局의 現況과 問題點 ……………………………………… 金東健

[憲法判例研究(6)]
2003년 重要憲法判例 ……………………………………………………… 金光錫
慣習憲法이 提起하는 憲法理論的 問題點
–신행정수도의건설을위한특별조치법 違憲決定
(憲裁決 2004. 10. 21, 2004헌마554·566(병합))에
대한 評釋– ………………………………………………………………… 李鍾秀

規制의 必要性과 規制方法論에 대한 憲法的 評價
－大學內에서의 敵意的 表現行爲에 대한 制限學則을
中心으로－ …… 曺小永
憲法 제21조가 放送에 대해 갖는 意味는 무엇인가? …… 高敃秀
民族文化遺産에 대한 公用收用
－憲裁決 2003. 1. 30, 2001헌바64 舊傳統寺刹保存法
제6조 제1항 제2호 등 違憲訴願事件을 中心으로－ …… 鄭然宙
憲法裁判에서 立法形成의 自由와 立證責任
－反對意見의 意義와 機能－
選擧權年齡에 대한 憲裁決定評釋(憲裁決 2003. 11. 27,
2002헌마787, 2003헌마516(병합)) …… 李憲衎
輕犯罪處罰法과 卽決審判節次法에 관한 憲法的 照明
－憲裁決 2004. 9. 23, 2002헌가17·18(병합)과 관련하여 …… 張永喆
Alter und Alterungsprozesse im Rechtsleben in Korea …… 許 營
盧武鉉 大統領에 대한 彈劾審判 …… 許 營
大統領 盧武鉉에 대한 彈劾審判決定의 評釋 …… 李丞祐
機關訴訟과 權限爭議의 關係 …… 金基震
獨逸行政法에서의 意圖된 裁量理論과 裁量統制 …… 金性洙
計劃變更請求權과 取消訴訟의 取消要件
－文化財保護區域 指定解除申請에 따른 拒否處分取消訴訟
(大判 2004. 4. 27, 2003두8821)을 中心으로－ …… 宋東洙

[憲法判例研究(7)]

2004년 重要憲法判例 …… 李憲衎
2005년 前半期의 重要憲法判例 …… 許 營
身上公開制度와 細部情報公開制度(案)에 대한 憲法的 檢討
－憲裁決 2003. 6. 26, 2002헌가14 中心으로－ …… 鄭然宙
個人情報保護와 프라이버시影響評價 …… 趙在炫
憲法上 政敎分離原則과 文化國家原理 …… 崔祐禎

宗教의 自由의 客觀的 價値秩序性에 관한 小考
－獨逸聯邦憲法裁判所의 '히잡(kopftuch)
判決(BVerfGE 108, 282)'을 中心으로 ······ 朴揆煥
環境調整用地의 社會的 羈束性
－獨逸 土地區劃節次上 私的 配分用地의 法的 性格을 中心으로 ······ 鄭慧英
地方自治에서의 電子民主主義 ······ 曺小永
財政과 憲法
－財政憲法改正의 必須性 ······ 李悳衍
道路交通法 第71條의 15 第2項 違憲提請事件
－憲裁決 2005. 7. 21, 2004헌가30 ······ 金柱暻
金融保險會社 議決權制限에 대한 憲法的 評價 ······ 金光錫

[憲法判例研究(8)]
2005年度 後半期 및 2006年度 前半期의 重要憲法判例 ······ 鄭然宙
'新行政首都의 建設을 위한 特別措置法' 違憲決定
(憲裁決 2004. 10. 21, 2004헌마554·566(併合))의
憲法理論的 問題點 ······ 朴炅澈
最近 判例들에서 나타난 憲法裁判所의 政黨觀
－政黨法上의 政黨登錄制度와 登錄取消制度를 다룬
憲法裁判所의 最近 決定(憲裁決 2006. 3. 30, 2004헌마246;
憲裁決 2006. 4. 27, 2004헌마562)을 中心으로－ ······ 李鍾秀
賃貸借保險金 返還保護保險加入强制制度의 憲法的 正當性
－契約自由에 관한 憲法裁判所決定分析과 批判을 中心으로－ ······ 張永喆
按摩師資格 '非盲除外基準'에 대한 憲裁決定 評釋 ······ 李悳衍
按摩師制度에 대한 憲裁決定의 評釋 ······ 李丞祐
言論의 公正報道와 取材源保護 ······ 趙在炫
訂正報道請求權에 대한 憲法的 評價
－言論仲裁法과 憲裁決 2006. 6. 29, 2005헌마165를 中心으로－ ······ 曺小永
放送委員會의 '放送評價에관한規則'에 대한 憲法的 問題點 ······ 崔祐禎

集會 및 示威에 관한 法律 第11條의 問題點과 改正方案
－憲裁決 2003. 10. 30, 2000헌바67·83(併合)과 憲裁決
2005. 11. 24, 2004헌가17을 中心으로－ ······ 李熙勳
獨逸聯邦憲法裁判所 分離理論의 韓國的 受用 ······ 金顯哲
行政情報共同利用의 法原則 ······ 全光錫
將來의 犯罪搜査를 위한 指紋情報의 使用과 法律留保
－同時에 憲法裁判所의 2005. 5. 26. 決定
(99헌마513事件)에 대한 評釋－ ······ 孫載榮
基本權과 個人的 公權 ······ 金基震

[憲法判例研究(9)]
2007年度 憲法判例의 動向 ······ 金鎭坤
判例評釋
－條約批准에 대한 國會同意 관련 個別 國會議員의
權限爭議審判 請求人適格(憲裁決 2007. 7. 26, 2005헌라8) ······ 李悳衍
公營放送의 獨立保障을 위한 現行法上의 問題
－KBS의 人的 構成의 獨立性을 中心으로－ ······ 崔祐禎
憲法判例에서 나타난 納稅者의 協力義務에 관한 考察
－舊 相續稅및贈與稅法 第78條 第1項 違憲訴願
(憲裁決 2006. 4. 27, 2003헌바79)－ ······ 朴贊權
規範效力과 事例研究方法 ······ 李丞祐
獨逸 聯邦憲法裁判所와 美國 聯邦大法院의 違憲審査基準論 ······ 李相莖
命令·規則에 대한 司法審査
－憲法裁判의 觀點에서 본－ ······ 金河烈
憲法訴願의 直接性 要件 ······ 金顯哲
美國 聯邦大法院의 UNITED STATES v. GRACE,
461 U.S. 171 (1983) 飜譯 ······ 黃致連·李熙勳

[憲法判例研究(10)]
2008年의 重要 憲法判例 ······ 明載眞

基本權保護義務違反의 審査基準
－憲裁決 2008. 7. 31, 2006헌마711을 中心으로－ ································ 張永喆
民法 第764條의 違憲與否에 관한 憲裁決定에 대한 批判的 檢討
－1991. 4. 1, 89헌마160 全員裁判部 決定－ ·· 曺小永
(舊) 附加價値稅法 第30條 第1項에 대한 憲裁 2001. 4. 26,
99헌바108·2000헌바3·2001헌바1(倂合) 決定의 妥當性
－課稅要件 明確主義를 中心으로－ ·· 李熙勳
基本權侵害事例의 硏究方法 ··· 李丞祐
BTL事業費 處理方式의 合憲性과 國會議員의
權限爭議審判 請求人適格
－憲裁決定 評釋(2008. 1. 17, 2005헌라10) ·· 李悳衍
大統領의 憲法訴願에 대한 適法性 認定判示의 問題點
(憲裁決 2008. 1. 17, 2007헌마700, 憲裁公報 136, 217－257) ·············· 許 營
福祉國家의 正當性 ·· 全光錫

[憲法判例硏究(11)]
2009년 중요헌법판례 ·· 정필운
성폭력범죄자에 대한 성충동 약물치료처분의 헌법적 재조명 ···························· 이상경
공인중개사의 실거래가신고의무제도의 문제점 ···································· 이승우·신희동
장애인고용부담금의 헌법적 정당성 및 제도적 타당성 ································· 전광석
헌법정책적 측면에서 헌법재판소와 법원의 관계 ·· 황치연
주문선택의 기술
－규범의 위헌성을 확인하였을 때에 연방헌법재판소의 변형재판 ············· 허완중 역
Die Kunst der Tenorierung
－Die Entscheidungsvarianten des Bundesverfassungsgerichts
bei Normbeanstandungen ·· Stefan Korioth

[憲法判例硏究(12)]
2010년도 헌법판례의 동향 ·· 김진곤
미디어렙제도에 관한 쟁점과 입법적 과제 ·· 고민수

헌법상 건강권의 개념 및 그 내용 …… 김주경
헌법재판의 심사기준 …… 황치연
입법자에 대한 연방헌법재판소 규범폐기재판의 기속력
…… 슈테판 코리오트, 허완중 옮김
법령 헌법소원의 청구기간에 관한 몇 가지 쟁점 …… 오 휜

[憲法判例硏究(13)]
2011년 중요헌법판례 …… 조재현, 정필운
'거창사건'에 대한 대법원판결(2008.5.29. 2004다33469) 평석
－'견벽청야'(堅壁淸野)의 군사작전과 법리구성의
구조적 유사점을 주목하며－ …… 이덕연
정당해산심판에 대한 헌법적 및 정치적 이해 …… 전광석
이슬람 연방국가원리의 비교법적 고찰
－아랍에미리트 연방제도를 중심으로－ …… 박규환
무죄추정원칙에 관한 헌법재판소 판례 검토
－헌재 2010.9.2. 2010헌마418 결정에 대한 평석을 중심으로－ …… 김현철
인터넷상 정치적 표현행위의 헌법적 보호범위에 관한 검토
－헌재 2011.12.29. 2007헌마1001 등 결정을 중심으로－ …… 조소영
물기본권에 관한 연구 …… 김성수
행정입법의 정비에 관한 연구 …… 김기진
헌법재판소결정의 기속력 …… 허완중

[憲法判例硏究(14)]
2012년 헌법판례 동향 …… 장철준
환자의 생명 종결 결정에 관한 헌법적 고찰 : 한국과
미국의 헌법 판례를 중심으로 …… 엄주희
군 징계권, 수사권, 사법권에 대한 헌법적 검토 …… 이세주
인터넷 실명제의 도입과 헌법재판소 결정 …… 김현귀
헌재 2010. 11. 25. 2009헌라12 결정에 대한
헌법소송법적 문제점 …… 박경철

대의제도 및 대의의 '본질개념'을 중심으로 해서 본
'현상학과 Leibholz의 헌법학방법론' – 우리(공법학자)의
입장에서 주목해야 하는 시사점과 단서 ············ 이덕연
법률의 위헌심사기준 ············ 요셉 이슨제 · 허완중 옮김

[憲法判例硏究(15)]
2013년 중요헌법판례 ············ 박찬권 · 정필운
힘의 척도로서 법 ············ 아르투어 카우프만 / 이덕연 · 강신일 옮김
'헌법적 정체성'의 확립과 '자기교육'으로서 헌법교육 ············ 이덕연
미국헌법상 평등이론의 전개와 적극적 차별시정조치 ············ 이병규
교원지위 법정주의의 헌법적 의미 ············ 조소영
지방자치단체 파산제도에 관한 재조명 ············ 이상경
법원에서의 헌법판단 ············ 김예영

[憲法判例硏究(16)]
2014년 중요헌법판례 ············ 강일신 · 정필운
판단의 정오(正誤)가 아니라 '수사(rhetoric)'로 본 통진당 해산결정 ············ 이덕연
기본권보장과 민법의 역할에 대한 서론적 논의 ············ 이병규
대형유통업체 영업활동 보장과 제한에 대한 경제 · 사회적 소고 ············ 이세주
[판례평석] 디엔에이신원확인정보 이용 및 보호에 관한 법률 사건 ············ 류성진
정치자금의 기부행위 제한과 정치적 표현의 자유 ············ 조재현
'공유수면에 대한 지방자치단체의 관할'에 관한 판례 검토 ············ 정해영

韓國憲法判例研究學會 定款

1999. 5. 15. 제정
2004. 5. 15. 개정
2009. 5. 23. 개정
2011. 6. 25. 개정

제1장 總 則

제1조(명칭) 본 학회는 "한국헌법판례연구학회(Korean Association of Constitutional Case Studies)"라 한다.

제2조(사무소) 본 학회의 주사무소는 서울특별시에 둔다.

제3조(목적) 본 학회는 헌법판례의 연구를 통하여 법학계와 법조계 및 연구기관 등과의 교류를 꾀하고 헌법학과 헌법실무의 발전에 이바지함을 목적으로 한다.

제4조(사업) 본 학회는 제3조의 목적을 달성하기 위하여 다음의 사업을 한다.

1. 연구발표회 및 학술강연회의 개최
2. 학회지, 논문집 기타 도서의 간행
3. 국내외 연구단체와의 교류
4. 기타 필요한 사업

제2장 會 員

제5조(종류 및 자격) ① 회원의 종류는 정회원, 준회원 및 단체회원으로 나눈다.

② 정회원은 본 학회의 목적에 찬동하는 대학교수, 박사학위소지자, 판사, 검사, 변호사, 군법무관, 5급 이상의 공무원으로 한다.

③ 준회원은 본 학회의 목적에 찬동하는 대학원 박사과정 또는 석사과정에 재학중인 자 및 기타 연구기관에 재직 중인 자로 한다.

④ 단체회원은 본 학회의 목적에 찬동하여 본 학회에 가입한 국내외의 단체로 한다.

제 6 조(가입 및 탈퇴) ① 정회원 또는 준회원이 되고자 하는 자는 정회원 2인 이상의 추천을 받아 가입신청서를 제출하고 이사회의 승인을 얻어야 한다.

② 단체회원이 되고자 하는 자는 가입신청서를 제출하여 이사회의 승인을 얻어야 한다.

③ 회원이 탈퇴하고자 하는 때에는 미리 그 뜻을 본 학회에 통지하여야 한다.

④ 회원이 본 학회의 명예를 훼손하거나 회칙을 위반한 때에는 이사회의 의결을 거쳐 제명할 수 있다.

제 7 조(권리 및 의무) ① 모든 회원은 본 학회의 각종 사업에 자유로이 참여하고, 본 학회의 각종 간행물을 배포받을 권리를 가진다.

② 모든 회원은 본 학회의 모든 회칙을 준수하고 각종 회비를 납부할 의무를 진다.

③ 학회의 각종 선출에 관한 권리는 정회원에 한하여 행사할 수 있다.

제 3 장 任 員

제 8 조(종류 및 정수) 본 학회에 다음의 임원을 둔다.

1. 회장 1인
2. 부회장 약간인
3. 상임이사 약간인
4. 이사 약간인
5. 감사 2인
6. 명예회장 1인
7. 고문 약간인

제 9 조(선임 및 임기) ① 회장·부회장·이사 및 감사는 정회원 중에서 총회가 선임한다.

② 상임이사는 이사 중에서 회장의 추천으로 이사회가 선임한다.

③ 임원의 임기는 2년으로 하되, 연임할 수 있다.

제 10 조(직무) ① 회장은 본 학회를 대표하고, 會務를 통할한다.

② 부회장은 회장을 보좌하며, 회장이 闕位되거나 사고로 인해 그 직무를 수행할 수 없을 때에는 부회장 중에서 연장자가 그 직무를 대행한다.

③ 상임이사는 총무, 연구, 재무, 출판, 섭외, 법무 등의 업무를 분담·처리한다.

④ 이사는 이사회 구성원으로서 본 학회의 운영에 관한 중요사항을 심의·의결한다.

⑤ 감사는 본 학회의 업무와 회계에 관하여 감사한다.

제 11 조(명예회장 및 고문) ① 본 학회에 명예회장 1인 및 고문 약간인을 둘 수 있다.

② 명예회장 및 고문은 본 학회의 발전에 기여한 공로가 있는 정회원 중에서 이사회가 추천한다.

③ 명예회장 및 고문은 종신직으로 한다.

제 12 조(간사) ① 본 학회에 간사 약간인을 둘 수 있다.

② 간사는 정회원 또는 준회원 중에서 회장이 임명한다.

③ 간사의 임기는 2년으로 한다.

④ 간사는 회장의 명을 받아 각종 기록의 작성, 연락의 전달, 행사의 준비 기타 會務執行을 보좌한다.

제 4 장 機 關

제 13 조(총회의 소집) ① 정기총회는 매년 1회 소집하고, 임시총회는 이사회 또는 회원 10인 이상의 요구에 따라 수시로 소집한다.

② 총회는 회장이 소집하고, 그 의장이 된다.

③ 총회는 재적회원 3분의 1이상의 출석과 출석회원 과반수의 찬성으로 의결한다. 다만 可否同數일 때에는 의장이 결정권을 가진다.

④ 총회의 소집은 회의 7일 전까지 회의의 목적, 일시 및 장소를 명시하여 공고하여야 한다.

제 14 조(총회의 권한) 총회는 다음 사항을 의결한다.

1. 회칙의 개정
2. 임원의 선출
3. 업무계획의 승인
4. 예산 및 결산의 승인
5. 이사회가 附議하는 사항
6. 기타 필요한 사항

제 15 조(이사회의 소집) ① 이사회는 회장, 부회장 및 이사로 구성하며, 감사는 이사회에 출석하여 발언할 수 있다.

② 이사회는 필요에 따라 회장이 소집하고, 그 의장이 된다. 다만 재적구성원 3분의 1이상 또는 감사의 요구가 있을 때에는 회장은 이사회를 소집하여야 한다.

③ 이사회는 재적구성원 과반수의 출석과 출석인원 과반수의 찬성으로 의결한다. 다만 可否同數일 때에는 의장이 결정권을 가진다.

④ 이사회는 필요에 따라 회의 소집하지 않고, 書面 決議로 의결에 갈음할 수 있다.

제 16 조(이사회의 권한) 이사회는 다음 사항을 의결한다.

1. 규칙의 제정과 개정
2. 회원의 가입승인 및 제명결정
3. 이사의 선임
4. 총회의 소집 및 부의사항의 심의
5. 기타 회장이 부의하는 사항

제 17 조(상임이사회)

① 상임이사회는 회장, 부회장 및 상임이사로 구성한다.

② 상임이사회는 회장이 필요에 따라 수시로 소집한다.

③ 상임이사회는 회무집행에 관한 중요사항을 심의한다.

④ 상임이사회는 의결사항이 있으면, 이사회의 의결에 관한 규정을 준용한다.

제5 장 財 政

제 18 조(재원) ① 본 학회의 재원은 연회비, 임원찬조비, 참가회비, 기부금 기타 수입으로 충당한다.

② 연회비, 임원찬조금 및 참가회비는 이사회에서 정한다.

제 19 조(예산 및 결산) ① 본 학회의 회계연도는 매년 1. 1.부터 12. 31.까지로 한다.

② 회장은 회계연도 초에 그 해의 예산안을 작성하여 총회의 승인을 받아야 한다.

③ 회장은 회계연도 초에 전 해의 결산안을 작성하여 총회의 승인을 받아야 한다.

제6장 委員會

제20조(학회지편집위원회) ① 학회에 회지의 게재논문조사·편집 및 간행을 위하여 헌법판례연구학회지편집위원회를 둔다.

② 학회지편집위원회는 회장이 위촉하는 부회장 1인과 약간 명의 위원으로 구성한다.

③ 학회지편집위원회는 회지에 게재하고자 하는 논문의 심사 및 편집과 간행에 관한 전반적인 사업을 관장하며, 그 구성과 사업에 관한 세부적인 사항은 따로 규정한다.

제20조의 2(연구윤리위원회) ① 본 학회는 연구윤리의 확립, 연구부정행위의 예방 및 조사를 위하여 연구윤리위원회를 둔다.

② 연구윤리위원회는 회장이 위촉하는 부회장 1명을 포함하여 약간 명의 위원으로 구성하며, 위원의 임기는 2년으로 한다.

③ 연구윤리위원회의 위원장은 위원 중에서 호선한다.

④ 연구윤리위원회는 의결사항이 있으면, 이사회의 의결에 관한 규정을 준용한다.

⑤ 연구윤리위원회의 운영에 관한 사항은 따로 정한다.

제7장 學術賞

제21조(학술상) ① 회원의 학술연구를 장려하기 위하여 학회에 학술상제도를 둔다.

② 학술상에 관한 사항은 따로 규정으로 정한다.

제8장 慶弔事

제22조(경조사) 학회는 회원상호간의 친목과 협조를 도모하기 위하여 경조사에 관한 사항을 따로 규정한다.

附 則

제1조(시행일) 이 회칙은 1999. 5. 15. 부터 시행한다.

제2조(임원 및 회원에 대한 경과조치) 이 회칙 시행당시의 회장, 부회장 및 기존회원은 이 회칙에 의하여 선임 및 가입한 것으로 본다.

제 3 조 이 회칙 시행 당시에 이 회칙에 의하여 새로 설치될 기관의 권한에 속하는 직무를 행하고 있는 기관은 이 회칙에 의하여 새로운 기관이 설치될 때까지 계속하여 그 직무를 행한다.

附　則

(시행일) 본 규정은 2004. 5. 15.부터 효력이 발생한다.

附　則

(시행일) 본 규정은 2009. 5. 23.부터 효력이 발생한다.

附　則

(시행일) 본 규정은 2011. 6. 25.부터 효력이 발생한다.

學會誌編輯 · 刊行規程

제 1 조(헌법판례연구) "憲法判例硏究"誌는 한국헌법판례연구학회의 학회지로서 회원의 연구논문을 게재한다.

제 2 조(발행횟수) 학회지는 연 1회 이상 정기적으로 간행함을 원칙으로 한다.

제 3 조(학회지편집 · 간행위원회의 구성과 권한) ① 학회지편집 · 간행위원회(이하 "위원회"라 한다)는 회장이 위촉하는 부회장 1인, 총무이사, 학술이사, 출판이사로 구성하며 임기는 3년으로 한다.

② 위원회는 학회지에 게재하고자 하는 논문의 심사와 편집 및 간행에 관한 사항을 관장한다.

제 4 조(논문심사절차와 기준) ① 위원회의 논문심사절차는 다음과 같다.

a) 1단계 전공심사: 전공 여부 합치심사

b) 2단계 내용심사: 투고논문 내용검토

c) 3단계 종합심사: 게재 여부 최종확정

② 위원회의 논문심사기준은 다음과 같다.

a) 연구주제의 타당성, 시의성, 적합성

b) 연구주제의 독창성, 참신성

c) 연구의 목적, 내용, 방법의 논리성

d) 논문투고자의 최근 5년간 연구발표실적의 양과 질적 수준

e) 연구결과의 학문적 기여도

③ 위원회의 위원들은 각 항목별로 A－C까지로 심사하되 종합심사결과 논문심사위원 4분의 3 이상이 평점 "B" 이상을 부여하여야 게재할 수 있다.

제 5 조(논문투고세칙) ① 학회지에 발표되는 논문은 미발표연구물이어야 한다.

② 위원회는 심사결과에 따라서 논문의 수정이나 보완을 요구할 수 있다.

③ 위원회는 회비를 납부하고 논문을 게재하고자 하는 회원에게 소정의 게재료를 부과할 수 있다.

附則

이 규정은 1999년 5월 15일부터 시행한다.

憲法判例硏究 〔17〕

초판인쇄 | 2016년 12월 26일
초판발행 | 2016년 12월 30일

편 자 | 사단법인 한국헌법판례연구학회
발 행 인 | 위 호 준
발 행 처 | 도서출판 집현재
04092 서울특별시 마포구 토정로
198번지 204호
전화 (02)332－4922 Fax (02)3142－4922
홈페이지: www.jhjbook.co.kr
e-mail: jyp4922@naver.com

출판등록 | 2010년 10월 25일
등록번호 | 제105-91-57581호

정가 35,000원

ISBN 978-89-97304-67-7
ISBN 978-89-97304-15-8(세트)
ISSN 1228-6567 17